「障害理解」再考

他者との協働に向けて

丸岡稔典 著

晃洋書房

目　　次

第1章　障害理解をめぐる課題と展望 ……………………… 1

第1節　障害理解と障害の社会モデルの課題　　（1）

第2節　「障害の社会モデル」の再検討　　（3）

第3節　健常者を中心とした社会の価値観の反省と障害者と健常者の協働　　（9）

第4節　刊行の目的と本書の構成　　（12）

第2章　障害者運動とアイデンティティ形成 ……………… 17

第1節　アイデンティティと他者との相克　　（17）

第2節　障害の社会モデルと差異派障害者運動　　（19）

第3節　1970年代の「青い芝」神奈川県連合会と「障害」アイデンティティの確立　　（21）

第4節　1990年代の自立生活センターによるピア・カウンセリングとアイデンティティ形成　　（29）

第5節　身体的存在としてのアイデンティティ　　（36）

第6節　私と他者が共に生きるアイデンティティ　　（40）

第3章　重度障害者の障害認識とその変容 ………………… 47

第1節　障害受容論とアイデンティティ　　（47）

第2節　2人の重度脳性マヒ者へのインタビュー調査　　（51）

第3節　Xさんのライフストーリー　　（52）

第4節　Yさんのライフストーリー　　（57）

第5節　2人のライフストーリーからみえてくる障害への認識とその変化　(62)

第6節　ま　と　め　(66)

第4章　障害者介助の社会化と介助関係 …………………… 69

第1節　障害者の自立生活と介助の社会化　(69)

第2節　介助行為への意識　(72)

第3節　介助の社会的労働化と介助行為の意味変容　(78)

第4節　介助関係への意識　(83)

第5節　介助をとおした他者との向き合い　(94)

第5章　障害者と健常者による芝居作りを通じた スティグマの解消 ……………………………… 99

第1節　スティグマとしての障害とその解消　(99)

第2節　水俣世田谷交流実行委員会への参与観察　(104)

第3節　水俣世田谷交流実行委員会の概要　(105)

第4節　芝居作りの中でのスティグマの理解　(111)

第5節　障害をめぐるスティグマの共有の技法としての 「対話」　(118)

第6節　ま　と　め　(121)

第6章　世田谷における障害者運動の生成と展開 ……… 125

第1節　自立生活と地域　(125)

第2節　自立生活運動の展開　(128)

第3節　まちづくり運動の展開　(135)

第4節　1990年以降の障害者運動の展開　(141)

目　　次　　iii

第5節　新たな地域像とその限界　　（146）

第6節　障害者の自立生活を地域に開くこと　　（148）

第7章　障害者の参加による福祉のまちづくり ………… 153

第1節　福祉のまちづくりの課題　　（153）

第2節　「ふれあいのあるまちづくり」事業での取り組み　　（157）

第3節　世田谷区福祉のいえ・まち推進条例の制定をめぐる

　　　　取り組み　　（163）

第4節　福祉のまちづくりへの障害者の参加　　（169）

第5節　まちづくりの一部としての「福祉のまちづくり」　　（171）

おわりに　　（175）

引用文献　　（183）

索　　引　　（189）

第1章　障害理解をめぐる課題と展望

第1節　障害理解と障害の社会モデルの課題

1　障害理解をめぐる状況

　現在，障害者の社会参加の拡大や社会環境の変化により障害者と関りはリハビリテーション専門職や介護職員など一部の福祉関係者に限定されたものから広く社会全般の一般市民にも生じるものとなっている．2016年に施行された障害者差別解消法では行政や会社，商店などの事業者が障害のある人に対して，正当な理由なく，障害を理由として差別することが「不当な差別的取扱い」として禁止された．また，障害のある人から社会の中にあるバリアを取り除くために何らかの対応を必要としているとの意思が伝えられたときに，負担が重すぎない範囲で対応することが「合理的配慮」とされた．合理的配慮は当初，行政機関等では義務，事業者では努力義務であったが，2024年度から事業者にも義務化された．今後，学校や会社，商店などでの障害者に対する合理的配慮が「思いやり」ではなく「義務」として求められるようになる．学校の同級生，店員と顧客，職場の同僚などの形で，健常者が障害者と関わる機会も増える．

　2022年には国連による日本に対する障害者権利条約の実施状況についての対面審査が行われ，障害のある子どもを健常者の子どもと分けて教

育する特別支援教育の見直しとインクルーシブ教育の推進が勧告された．今後は学校生活の中で健常者の子どもが障害のある子どもと共に学ぶ機会が増える．

2022年に内閣府により実施された障害者に関する世論調査［内閣府政府広報室 2023］では「あなたは，世の中には障害のある人に対して，障害を理由とする差別や偏見があると思いますか」に対して88.5%が「あると思う」，「ある程度はあると思う」と回答しており，多くの人が現在も差別や偏見が存在していると認識している．

今後，ますます障害者と健常者が同じ空間で学び，働き，活動する機会が増加する．その際に「障害」とどのように向き合い，理解するかは重要な課題となる．その課題には健常者と障害者がさまざまな場面で関り，共に活動することも含まれる．

2　障害の社会モデルとその課題

現在の障害理解の主流となっているのは「障害の社会モデル」の考え方である．2020年東京オリンピック・東京パラリンピックを契機に決定された「ユニバーサルデザイン2020行動計画」では「心のバリアフリー」を体現するためのポイントとして「障害のある人への社会的障壁を取り除くのは社会の責務であるという「障害の社会モデル」を理解すること」[1]が記載されている．「障害の社会モデル」は「障害の個人モデル」に対する批判として提起された障害観である．「障害の個人モデル」とは，障害を個人の身体的または精神的な異常・不調・欠陥による活動の制約と考え，「不幸・克服すべきもの」とみなすものである．たとえば，1980年に発表された国際障害分類では「Disease or Disorder（疾患または変調）」，「Impairment（機能・形態障害）」，「Disability（能力障害）」，「Handicap（社会的不利）」が右向きの矢印で一直線に結ばれている．個

人モデルに対しては，これまで活動の制約に対する環境の影響を軽視し，障害の克服を障害者個人の責務としている点，障害者を医療や福祉の専門職に依存させる点などが批判されてきた．これに対し「障害の社会モデル」は障害にともなう活動の制約や社会的不利益を，障害者のことを考慮しない社会環境の結果であるととらえ，こうした社会的障壁の除去を社会の責務とする［Barnes, Mercer and Shakespeare 1999＝2004］．2006年に国際連合で採択された障害者権利条約では障害は「機能障害を有する者とこれらの者に対する態度及び環境による障壁との間の相互作用[2]」であるとされた．

　しかし，「障害の社会モデル」にはいくつかの課題がある．1点目は，不十分な福祉サービス，アクセシブルでない建築物や制度といった目に見えやすい障壁に関心があつまりやすく，人々の障害者への態度や障害についての価値観，それらを内面化することによって生じる障害者自身への影響といった目に見えにくい障壁が看過されやすい点である．とりわけ「障害のある身体をめぐる経験」についての議論が不足している．2点目は，これまで障害者を排除してきた現在の健常者を中心とした社会の価値観や文化に対する批判的視点や反省が十分でない点である．本書ではこの2点から「障害の社会モデル」の主張を再検討し，発展させる．

第2節　「障害の社会モデル」の再検討

1　「障害のある身体をめぐる経験」とアイデンティティ論

　本書では「障害のある身体をめぐる経験」を検討するに当たりアイデンティティの視点を導入する．本書で取り上げるアイデンティティは，職業や所属，性格など他者に対してその人を表示する「社会的アイデン

ティティ（social Identity）」と本人が自己をどのように了解しているかを表す「自我アイデンティティ（ego identity）」である．自我アイデンティティはエリクソンが「生ける斉一性と連続性との主観的感覚」［Erikson 1968 = 1973: 9］と名付けたものに相当する．

　ゴフマンは，「人の信頼をひどく失わせるような属性」をスティグマとしたうえで，「本当に必要なのは明らかに，属性ではなくて関係を表現する言葉なのだ」［Goffman 1963 = 1970: 12］と述べる．スティグマはそれを有している人の価値を失わせるような属性である．ゴフマンは属性そのものがスティグマとなるのではなく，ある特定の社会や集団の中である属性が相互行為を通じてスティグマ化されるとする．スティグマは職業や所属，性格など他の属性と同様に社会的アイデンティティとして機能する．スティグマによる社会的アイデンティティは他の社会的アイデンティを凌駕してその人全体を否定的に規定する．すなわち，スティグマとなる属性に否定的な価値が付与されるに留まらず，スティグマを有する人そのものに否定的な社会的アイデンティティが付与される[3]．さらに，スティグマによる社会的アイデンティティはスティグマを有する人の自我アイデンティティにも影響を与える．スティグマは，それを付与された人にその社会的アイデンティティにふさわしい振舞い，たとえば障害者には障害者としての分をわきまえ周囲の人が気詰りにならないような振舞いを要求する．スティグマを有する人は周囲との相互作用のなかでそれを学習し，「自己自身を他の人間とまったく違ったことのない人間と規定するが，ところがまた一方で同時に，自分を彼の周囲の人々と共々別種の人間と規定している」［Goffman 1963 = 1970: 178］という自我アイデンティティをめぐる両価的な感情を経験する．

2 障害の非制度的位相と障害の社会受容

　ゴフマンのスティグマ論を障害領域に援用しているのが星加［2007］と南雲［2002］である．

　星加は障害の社会モデルの議論を発展させ，「ディスアビリティには，公的な制度や構造のように，明示化ないし固定化したルールを介して与えられる制度的位相と，内面化した規範や他者の眼差しを通じて意識的・無意識的に生成されるような，自己抑制によって帰結する非制度的位相とが存在する」［星加 2007：97］と指摘する．そしてインペアメント（障害のある身体）の経験を「非制度的位相」の概念を用いて次のように説明する．個人の身体の条件の一部としてインペアメントが存在する．インペアメントは比較により他者との差異として認知される．認知された「差異としてのインペアメント」に対して社会は否定的な価値を付与し，「スティグマとしてのインペアメント」が生成する．「スティグマとしてのインペアメント」は身体条件の一部を超えて障害者個人の全体の否定性へと拡大して適用される．また，社会の支配的な価値観によるインペアメントへの否定的な価値付与は規範として作用し，障害者はその規範を内在化させることにより自己否定や自己規制を行うようになる．

　星加の指摘する「非制度的位相」は，「制度的位相」に比べて看過されやすい．アクセシブルでない公共交通や建築物，不十分な福祉サービス，欠格条項などに代表される「障害の制度的位相」は障害者の外側から障害者を拘束する．そのため障害者の活動や参加を妨げる障壁として顕在化しやすい．それに対して，非制度的位相にはアテトーゼに対する奇異なまなざしといった「障害のある身体への否定的価値づけ」や発話・構音障害のある者の話を聞こうとしない店員の態度といった「障害者と健常者の身体的差異を考慮しない態度」，などの障害者と相互作用する人々の態度や振舞いやそれを支える社会的価値観が該当する．「非制度

的位相」は障害者本人による自己抑制や自己否定をとおして内側から障害者を拘束する．そのため，問題が潜在化しやすい．

　障害者の障害のある身体に対する認識は従来，リハビリテーションや障害福祉の領域で障害受容論として取り上げられてきた．障害受容論は「障害に対する価値観の転換，障害をもつことが自己全体としての人間的価値を低下させるものではないことの認識と体得を通じて，恥や劣等感を克服し，積極的な生活態度に転じること」という価値転換論と「ショック期・否認期・混乱期・解決への努力期・受容期」という喪失経験からの立ち直りの段階であるとする「段階論」から成り立っている[上田 1980]．

　南雲［2002］は障害受容論を以下のように批判し，障害の社会受容の促進を提唱している．南雲によると，身体障害は自己アイデンティティ[4]の改変と社会的アイデンティティの改変をもたらすとして，障害受容論の２つの問題点を指摘する．第１に，中途障害者を対象としながら身体障害は自己を変えると指摘し，自己が変わることにより自己アイデンティティ障害が生じるとする．自己アイデンティティ障害とは「自己の連続性が断ち切られた状態であり，しかし今そこにあるのは定義されていない自己である」［南雲 2002：72］状態である．したがって，求められるのは価値観の転換ではなく自己アイデンティティの再形成であると南雲は主張する．

　第２に，障害を負った後の心の苦しみは「障害が障害者自身の心に与える影響」と「他者の態度が障害者の心に与える影響」の２つが存在するが障害受容論は後者を扱っていないと批判し，社会が障害者を受け入れる「社会受容」が必要であると述べる．そして，他者の態度が障害者に与える心理的影響を次のように説明する．スティグマとしての障害は障害者に「劣っていてしかも危険」としての社会的アイデンティティを

付与する．社会的アイデンティティは付与された人にそのアイデンティティにふさわしい行動を要求するが，スティグマとしての障害による社会的アイデンティティは障害者の行動を規制し，障害者を排除する方向に働く．さらにスティグマとしての障害による社会的アイデンティティは一過性のものではなく持続的なものである．このため，障害による社会的アイデンティティは自己アイデンティティにも否定的な影響を与えるとする．

3　スティグマとしての障害の解消に向けたアプローチ

「障害のある身体をめぐる経験」はスティグマとしての障害と密接に関係する．スティグマとしての障害の解消に向けたアプローチとして星加は文化論アプローチとピア・カウンセリングを取り上げている．

まず文化論アプローチについて，星加は支配的文化により抑圧されている人々は，対抗的な文化の創出によって，自らのアイデンティティを確立するための言語を獲得し，支配的文化の集団成員に向かって，自らのパースペクティブを主張していく力を与えるとする．そして，障害者の自立生活運動にもそのような文化運動の性格があり，障害者たちは集団内の相互行為を通じて支配的な社会的価値を相対化と障害に対する肯定的な付与を確認していく側面があったとする［星加 2007：305-306］．

次にピア・カウンセリングについて，星加は個人の経験は社会全体に埋め込まれた社会的価値に規定されつつ，ミクロな社会関係における社会的価値と不可分な関係をもつとする．そして，ピア・カウンセリングの中で共通の体験を持つ仲間が，どのようにして「自己否定」を乗り越え，「自己信頼」を獲得していったのかを聞き，「自己否定」のメカニズムにからめられてしまいがちな自分の悩みを率直に語り合うことを通して，「自己信頼」の感覚は少しずつ確かなものとなるとする．ピア・カ

ウンセリングの中で，支配的な社会的価値が相対化され，新たな社会的価値の提示がなされることによって，障害者の経験していた不利益が無効化され，ディスアビリティの解消へと向かう契機が存在すると指摘する［星加 2007：303-304］．

　南雲も，障害により改変された自己アイデンティティを肯定的なものへと再形成する上で，同じ障害者同士の自助グループが重要な役割を果たすとする．具体的には同じ社会的アイデンティティ同士を有する者，同じ経験を有する者同士が集まる自助グループにはスティグマの社会的圧力から身を守り心の傷をいやす避難所としての役割と情報を共有し，お互いをエンパワーメントする社会参加の砦としての役割があると指摘する［南雲 2002：177-182］．

　しかし，文化論アプローチとピア・カウンセリングを含む自助グループアプローチ双方に課題が存在する．まず，文化論アプローチはスティグマ化されている属性を軸に対抗的な文化を創出するものである．しかし，スティグマ現象には，社会の支配的な価値観の中である属性が恣意的に取り出され，その属性を有する人に対してその人全体を規定するような否定的な社会的アイデンティティが付与されるという特徴がある．文化論アプローチにはスティグマ現象で恣意的に取り出された属性の固定化，つまり健常者と障害者の違いをより強固にし，スティグマを付与する社会の支配的価値観の相対化に向かわない危険性もある[5]．

　次に，自助グループアプローチについて，星加は「「自己信頼」ないし，「障害の肯定」といった態度は，支配的な「社会的価値」を相対化したところに成立するが，それは同時に，マクロな社会構造の規定性に対して脆く，崩れやすいものである」［星加 2007：310］と述べている[6]．つまり，同じスティグマを付与された者同士が集まる自助グループは，社会の支配的な価値観を離れて自己信頼を回復する価値観を育む場所としては有

効に機能する．しかし自助グループアプローチは自助グループの外側にある社会の支配的な価値観の変更を求めるものではない．そのため，自助グループの外側の一般社会に出た瞬間に，自己信頼は社会の支配的な価値観の圧力の中で危機にさらされる．

　文化論アプローチと自助グループ・ピア・カウンセリングアプローチは，スティグマにより否定的な社会的アイデンティティの付与により傷つけられた自我アイデンティティの修復や再形成には有効な方法とされる．スティグマとしての障害の解消を図る上ではそれに加えて，障害をスティグマ化し，否定的な社会的アイデンティティを付与する社会の支配的な価値観を相対化するような健常者の意識変革へのアプローチも求められる．

第3節　健常者を中心とした社会の価値観の反省と障害者と健常者の協働

1　異化としてのノーマライゼーション

　ノーマライゼーションの考え方は社会環境の改善を図ることで障害者を健常者と同等の生活を送れるようにすることを目指すものであり，1950年代後半から1960年代に北欧において知的障害者福祉分野で展開され，後に障害者福祉一般に普及した．

　堀［1998］は1980年以降に日本でも普及したノーマライゼーションの理念には同化と異化の2つの面があるとする．同化の面は，ノーマライゼーションとは障害者の生活を通常の市民の生活に近づけることであるとする考え方である．異化の面は，たとえば1981年国際障害者年における国連の「国際障害者年行動計画」にある「ある社会がその構成員のいくらかの人々を閉め出すような場合，それは弱くもろい社会なのであ

る」とする考え方である．堀の指摘する同化とは支配的な文化の価値観を受容することを，異化とは支配的文化を相対化することを指す．堀は同化としてのノーマライゼーションは障害者の施設生活から地域生活への移行には一定の役割を果たしているが，これまで障害者を排除してきた社会が変わることなく，障害者がそのような社会に参加するという矛盾が内包されていると指摘する．そして，「異化としてのノーマライゼーション」の考え方は，「障害者を排除して成り立ってきた社会への異議申し立てであり，社会こそが変わらなければならないという立場」であり，「障害者の立場から「普通」を問い直し，つくり変えようとするもの」であるとする．障害の社会モデルの進展を図る上でも，現在の健常者を中心とした社会の支配的な価値観や文化の反省と見直しを図る視点，すなわち「異化としてのノーマライゼーション」の視点が求められる．

2　障害疑似体験批判

現在，健常者のよる障害理解を目的として多くの場面で障害疑似体験が行われている．障害疑似体験についてはこれまで，できないことを体験するため否定的な障害観が形成されやすいこと，物理的な障壁に注目が集まりやすく，背景にある社会構造への理解が不十分になりやすいことなどが批判されてきた．またそれに対応した改善もなされつつある．しかし横須賀は，それでもなお残る健常者と障害者の非対称性を指摘する．横須賀は障害疑似体験で「健常者は障害者のことを理解しようとするが，健常者自身については不問に付し，自分たちの立場，ひいては自分たちの存在そのものまでも不可視化してしまい，自分たちを忘却してしまっている」［横須賀 2010：137］と指摘する．そしてこの社会は健常者と障害者で成り立っており，その社会で障害者問題が発生しているのであるから，問題解決のためには障害者だけを客体化するのではなく，健

常者が主体の座から降りて，自らを対象化，客体化する作業が不可欠であるとする．横須賀は，障害疑似体験に健常者を対象化，客体化する内容を取り込む上で，健常者自身がゆらぐ（自分のよって立つ基盤を不安定化させる）ことが重要であるとする．そして健常者と障害者の関係を紡ぎ，それを継続させることがゆらぎの契機になりうるとする．

3　健常者と障害者の協働

　施設や親元を離れて地域で暮らすことを目指す障害者たちによって始められた日本の自立生活運動は障害者の介助を，単に障害者が自分の人生や生活を自分で選択するという意味での「障害者の自己決定」を支える手段としてではなく，健常者の意識変革の手段としても位置付けてきた．

　たとえば，堤は以下のように述べている．

> 重度障害者の二十四時間介助を，労働として保障すべきだ」という運動も，今は盛んになりつつある．それは確かに大切なことだと思う．前にも述べたように，障害者の「ハンディ」は，その障害者個人や家族だけで補うのではなく，社会的に補われなければならないのだから．だが，私はあえて時期尚早ではないか，といいたい．障害者と健常者の個人的な「介助を媒介とした重なり合い」を，まずあちこちで作り出すべきだ．そうすることで，車いすを押したり，盲人の案内をしたり，言語障害者の人の言葉をじっくり聞いたり，ということが，誰にでも気軽にできるようになるだろう．そうなった時，社会は，かなり障害者を含んで回転していると思う［堤 1980：19］．

　障害者介助の参与観察を行った前田は「「健常者」は「介助者」として「障害者」と接することによって自らの「健常者」としての立場の特

権性を自覚し，反省せざるをえない状況を経験する」［前田 2006：457］
と述べている．介助を媒介とした障害者と介助者の関わりは，健常者が
自らの立場を振り返る契機となりうる．健常者による自らの立場の振り
返りは，障害者を排除してきた社会の支配的な価値観への反省へとつな
がるものといえる．

　しかし，介助者として関わることになる健常者は限られている．障害
者差別解消法による差別の禁止や合理的配慮の実施が進む中で，今後，
障害者と健常者が同じ空間で学び，働き，活動する機会が増加すること
が見込まれる．「介助者―障害者」以外の健常者と障害者の関りにおいて，
健常者の自らの立場の振り返りや社会の価値観の反省が生まれる契機を
探求することも重要な課題と言える．[8)]

　本書では，福祉の専門職や専門的職業人ではない一般健常者と障害者
が，「理解される・支援される―理解する・支援する」という非対称的
な関係とは異なる関係の下，共通の目標に向かってお互いに協力し合う
ことを「協働」と仮定する．そして両者の協働と相互理解が循環的に生
成し，「異化としてのノーマライゼーション」につながる可能性を検討
する．

第4節　刊行の目的と本書の構成

　本書の目的は，現在の障害理解の主流となっている社会モデルの議論
をもとに，以下の2点から障害理解を再考することにある．

　まず，アイデンティティの視点から「障害のある身体についての経験」
を検討する．スティグマとしての障害が障害者に否定的なアイデンティ
ティを付与することで障害者の内側から障害者を拘束する現象並びに，
障害者がそのような否定的なアイデンティティを肯定的なものに書き換

える過程を記述する．続いて，健常者と障害者の協働の視点から「健常者を中心とした社会の価値観や文化の見直し」が生成する可能性を考える．集団レベルと地域レベルで健常者と障害者の協働の事例を取り上げ，それが「価値観や文化の見直し」や現実のまちづくりにどのように影響を与えたのかを検証する．

　本書の構成は以下のとおりである

　第2章と第3章では，アイデンティティの視点から「障害のある身体についての経験」を検討する．第2章では「障害のある身体についての経験」にこだわる障害者運動の中にみられるアイデンティティ像を取り上げ，スティグマとしての障害に対する文化論アプローチと自助グループアプローチを再検討し，その先に存在するアイデンティティを考察する．第3章では，2人の障害者のライフストーリーの中での障害への認識の変化を取り上げ，障害受容論を再検討する．

　第4章，第5章では障害者と健常者の相互作用から，障害と健常という違いを超えた相互理解の可能性を検討する．第4章では自立生活における障害者と介助者の介助関係を取り上げ，自立生活理念に基づく介助観を再検討し，介助行為を媒介とした障害者と健常者の相互理解の可能性を考察する．第5章では障害者と健常者による演劇グループでの芝居作りのプロセスを取り上げ，介助関係とは異なる障害者と健常者の関係における「対話」を通した，「障害のある身体についての経験」への理解の可能性を考察する．

　第6章，第7章では，地域空間における障害者と健常者の協働の視点から，両者の協働と相互理解の循環の過程ならびに，それが現実のまちづくりに与えた影響を検討する．第6章では，東京都世田谷区を中心とした障害者運動の中で構想されてきた地域像を取り上げ，障害者の自立生活理念における地域の意味を再検討し，地域における障害者と健常者

の協働を通じた障害者の生活課題への対応とその限界を考察する．第7章では，東京都世田谷区の福祉まちづくりを取り上げ，障害者と健常者の協働によりつくられる地域コミュニティが福祉のまちづくりへの障害者の参加に与えた影響を考察する．

「おわりに」では，第2章から第7章までの成果を整理する．まず，「障害のある身体についての経験」への認識の変容から，障害のある身体を自己の一部とする自我アイデンティティの形成の意義を指摘する．次に，障害者と健常者の協働と相互理解が循環的に生成し，「異化としてのノーマライゼーション」につながる協働の形を提示する．さらに，障害者と健常者を分断せず，障害と健常をつなぐ視点として，「身体の他者性の受容」と「障害者間の差異への気づき」を提出する．

注

1）「ユニバーサルデザイン2020行動計画」については以下のサイトを参照．https://www.kantei.go.jp/jp/singi/tokyo2020_suishin_honbu/ud2020kkkaigi/pdf/2020_keikaku.pdf（参照　2024.11.20）．

2）「障害者権利条約」については以下のサイトを参照．https://www.mofa.go.jp/mofaj/fp/hr_ha/page22_000899.html（参照　2024.11.20）．

3）ゴフマンは「スティグマの社会学」の冒頭で以下のような例を挙げ，鼻がないことはダンスの能力やスタイルなどの属性よりも彼女を規定すると述べている．南雲［2002：119-120］もこの文章を引用している．

この頃，ほかの女の子と同じようにボーイフレンドをもち，土曜日の夜にはデートをしたいと思うようになりましたが，誰も私を連れて行ってくれません．というのは私には生まれた時から鼻がないからです——でも私は上手に踊れますし，スタイルも仲々です．父はきれいな着物を買ってくれます［Goffman 1963＝1970: 6］．

4）南雲は自己アイデンティティをエリクソンのアイデンティティと結び付けて論じており［南雲 2002］，自己アイデンティティは先に述べたエリクソンの自我アイデンティティに相当するものとみなせる．

5） たとえば，倉本は2章で触れる日本脳性マヒ者協会青い芝の会を牽引した横塚晃一の思想を読み解きながら，次のように文化運動としての障害者運動が文化の創造よりも支配的な社会的価値への対抗を優先させる危険性を指摘している．「〈障害者文化〉は，当初構想された障害者の自己解放の場とは程遠い，〈健全者文明〉と対抗する主体を産出するためだけの場に変質してしまう．横塚の思想には，自律した文化の創造よりも，支配文化を否定することを優先させてしまうような危うさがつきまとう」［倉本1997：80］．

6） 石川も自助グループの活動について「健常者というもう一人の当事者を当事者を抜きにして，プログラムをいくらやってみても，解決せず先送りになる問題はあまりにも多い．ピア・グループは居心地のよい避難所へと容易に変質する」［石川1992：133］と指摘する．

7） 「国際障害者年行動計画」については日本障害者リハビリテーション協会の下記サイトを参照した．https://www.dinf.ne.jp/doc/japanese/intl/jsrd/z00001.html#21（参照 2024.11.20）．

8） 心理学分野では多数派の少数派の偏見の解消に両者の接触が有効であるとする「接触理論」が存在した．オルポートはアメリカにおける黒人への偏見を研究し，「共有の目標を追求する多数者集団と少数者集団の対等な地位での接触によって減少する」［Allport 1954＝1968: 240］と指摘している．

第2章 障害者運動とアイデンティティ形成

　この章では，「障害にこだわる」障害者運動として1970年代の「青い芝」神奈川県連合会と1990年代の自立生活センターによるピア・カウンセリングを取り上げる．2つの障害者運動をアイデンティティの視点から分析し，障害のある身体を否定しないアイデンティティ像を検討する．

第1節　アイデンティティと他者との相克

　一般にアイデンティティは差異と密接に結びつくため，自己のみで完結せず，自己と他者のせめぎ合いの中に位置する．コノリーは「アイデンティティは一般に，社会的に承認された一連の差異との関係において確立される．アイデンティティの存在にとって差異は本質的である」[Connolly 1991 = 1998: 119]と述べる．差異によって定義されるアイデンティティを確保し，維持しようとするとき，ある個人や集団は自らの内にあるアイデンティティと統合不可能な部分を異常，狂気と規定し，排除する一方で，外部の諸々の差異を本来的に悪，非合理といったものとして排除する．アイデンティティ形成の過程に，自らの外部の他者および内部に存在する他者の両方を放逐する問題が存在するとコノリーは指摘する．

　アイデンティティと他者の相克は，近年私たちの属する性別，エスニ

シティ，障害等のカテゴリーの社会的配置＝マジョリティ・マイノリティ関係として重要な課題となっている．マジョリティ・マイノリティ関係は端的に差別構造として現れる．佐藤［1989］によれば，差別構造には，マジョリティの側が自らを普遍な側におきつつ，ある特定の差異のみを恣意的に取り出し，差異を有する個人を集合的にカテゴリー化し，特殊な存在として正当な社会の構成員として認めない「排除」の論理と形成されたカテゴリーから普遍の側に個々人を吸引しようとする「序列化」の論理が存在する．

「排除―序列化」は，明示的にマイノリティをコミュティから排除し，参加の機会を奪うだけではない．「排除―序列化」は，差別者のみならず被差別者の意識にもおよび，被差別者に自らの差異を否定せしめる作用としても働く．

「普遍的な平等」を共通基盤とする私たちの近代社会は，同じ社会にありながら特定の差異を有するがゆえに普遍的な権利が奪われている状態を「差別」として発見してきた．「普遍的な平等」に基づく普遍主義は，差異による「差別」を解消し，マイノリティに対し「同じ人間」として普遍的な権利の分配を目指すものである．しかし近年，普遍主義の差異の否定はマイノリティに対してマジョリティへの同化とマイノリティの有する独自の文化的なアイデンティティの否定を促すものであり，マジョリティの有する支配的文化の反映であるとの批判が登場している．いずれにしても，特定の差異を有するマイノリティは，マジョリティの有する同一性の外側に位置付けられ，差異の序列化や否定を通じて，否定的な社会的アイデンティティを付与されやすい．

テイラーは，多文化主義に立脚し自らの独自の文化的アイデンティティの確立を目指すマイノリティ運動は，差異に対して「支配的文化の側によって社会的に構成され，不平等を産み出す差異」を否定すると同

時に「文化レベルに根ざした差異」の肯定を行い，社会に対してその差異の尊重を求めていると指摘する［Taylor 1994＝1996］．しかし，差異を基盤とするアイデンティティは差別構造の中で恣意的に設定された差異を固定的カテゴリーとして強化することでマイノリティ・マジョリティのカテゴリー化に寄与し，さらにマイノリティ個々人に対してもアイデンティティを単一の差異に収斂させてしまう側面を持つ．差異を基盤とするアイデンティティはマジョリティおよび同じマイノリティにある他者をカテゴリー化する側面を持つ．

　他方で，エリクソンは「自己斉一性と連続性の主観的感覚」を自我アイデンティティと名付けた［Erikson 1968＝1973］．アイデンティティは他者から付与される側面とあわせて，個人が自己を位置付ける側面を持つ．しかし，個としての私たち自身も決して同一性を確保された存在ではない．個としての私たちは身体を通して存在している．したがって個人の領域を根源的に確定するものがあるとすればそれは身体である．しかし，マルセルが述べるように私たちはこの身体を他のものと同様に所有し，意のままにすることができない．身体は私たちに受動的に体験される側面を持つ［Marcel 1935＝1957］．身体は自己であると同時に他者である領域として存在する．ここに，もう1つのアイデンティティと他者の相克という課題が存在する．

第2節　障害の社会モデルと差異派障害者運動

　これまで，障害はこれまで身体あるいは精神の部分的欠落によって生じる「個人の不利益・社会的活動の制約」と見なされ「不幸・克服するべきもの」とされてきた．近年登場した「障害の社会モデル」はこうした障害の「個人モデル」を批判し，「不利益・社会的活動の制約」を加

えているのは社会の側であるとし，そのあり方を問う．社会モデルは障害（ディスアビリティ）を社会構造・イデオロギー・制度的障壁・物理的障壁等により作り出されているものとし，その障壁の除去を目指す［Barnes, Mercer and Shakespeare 1999＝2004: 45-56］．2006年に国連で採択された障害者権利条約においても社会モデルの視点が取り入れられ，障害は「機能障害を有する者とこれらの者に対する態度及び環境による障壁との間の相互作用」であるとされた．社会モデルはバリアフリーなど社会的障壁の除去を目指す障害者運動の理論的基盤を提供するものでもある．

　このような障害者と健常者の格差の是正を目指す社会モデルはしばしば「平等派」とされる．しかし，これとは別にあるいは重なる形で平等派を健常者社会への同化志向であるととらえ，障害のある身体を肯定することや障害を個性や文化であると考えることを重視する「差異派」と呼ばれる視点が存在する．「差異派」の主張を支えているのが，本章で取り上げる「障害にこだわる」障害者運動である[1]．倉本は日本の1970年以後の障害者運動の中に「たとえ，障壁がなくなったとしても，健常者とは異なるこの身体が残るのではないか，この身体を前提とするとき，『同じ人間』『同じ市民』として生きることが，われわれに幸福をもたらすのか，われわれにしかない独自のめざめ，そこを出発点としなければならないのではないか」［倉本 1999：220］と「差異派」の視点を有する障害者運動が存在したことを指摘する．こうした運動は，障害者個人が障害を持つことによって生じる感情や経験を無視しえないとする．

　「障害にこだわる」運動が警戒するのは障害者が健常者と『同じ人間』『同じ市民』であることを目指す中で，健常な身体に価値を置く健常者を中心とした社会の支配的な価値観に同化を強いられ，障害のある自己の身体を否定する結果をもたしてしまうことである．「障害にこだわる」

運動は，「健常者と障害者」というマジョリティ・マイノリティ関係の中で「排除―序列化」される差異としての障害と，自らの身体における他者である領域としての障害という，アイデンティティと他者との相克の二側面に同時に向き合いながら，障害のある身体を否定しないアイデンティティ像を提起し，共有することを目指した．以下では，「青い芝」神奈川県連合会とピア・カウンセリングという 2 つの「障害にこだわる」運動を取り上げ，障害のある身体を否定しないアイデンティティ像が障害者と健常者の差異を超えて共有される可能性を検討する．

第 3 節　1970年代の「青い芝」神奈川県連合会と「障害」アイデンティティの確立

1　青い芝の会と「青い芝」神奈川県連合会の概要

　最初に紹介する「青い芝」神奈川県連合会の母体は1962年に設立された日本脳性マヒ者協会青い芝の会（以下，全国青い芝）の川崎支部である．その後，全国青い芝の川崎支部と湘南支部が合体して，1965年に「青い芝」神奈川県連合会（以下，神奈川青い芝）が設立された．

　全国青い芝は障害のある身体に対する否定的なまなざしや価値付与を自覚的に取り上げ，差別として告発する運動を行った団体として知られている．同会は1957年に東京で脳性マヒ者の団体として設立された．当初は会員同士の親睦が活動の中心であった．しかし，1970年前後に活動内容に変化がみられ，脳性マヒ者への差別を告発する障害者運動としての側面が強まった．同会の活動は，日本における障害者の自立生活運動の源流の 1 つとされ，多くの障害者，障害者運動，障害者と関わる健常者の障害に対する意識の変化に大きな影響を与えたとされる．その全国青い芝の1970年前後の活動の転換を支えたのが本章で紹介する神奈川青

い芝である．1973年から1978年まで神奈川青い芝の出身である横塚晃一が全国の「青い芝の会」の代表を務めている．

神奈川青い芝の活動や意見の対立を含む会員の主張は同会の会報「あゆみ」に詳細に記載されている．そこで「あゆみ」を検証資料として用いた．対象とした資料は会報の合冊である「あゆみ30周年記念号」[「青い芝」神奈川県連合会 1989]である．この合冊には会報の1号（1965年）から55号（1982年）が掲載されており，この期間の記事を分析した．

2　障害を否定する社会と「健全者幻想」

神奈川青い芝の運動が全国的に注目を浴びるのは，1970年に横浜で起きた脳性マヒ児殺害事件への減刑反対運動である．このとき提出された意見書には以下のような文章が含まれている．

> 現在多くの障害者の中にあって脳性マヒ者はその重いハンディキャップの故に採算ペースにのらないとされ，殆どが生産活動にたずさわれない状態にあります．このことは生産第一主義の現代社会おいては脳性マヒ者はともすれば社会の片隅におかれ人権を無視されひいては人命までもおろそかにされることになりがちです．このような働かざるもの人に非ずという社会風潮の中では私達脳性マヒ者は「本来あってはならない存在」と位置付けられているのです［「あゆみ」no10，1970：75］．

従来の障害者運動は行政による障害福祉の充実を要求していた．しかし，意見書では社会の障害者への意識を問題化し，健常者の意識の中に障害者を排除する価値観があるのではないかと問うている．この意見書は障害者問題を福祉分野から，健常者と障害者のアイデンティティ問題へと展開させる契機となった．しかし，意見書提出以前から会では同様の議論が出されている．神奈川青い芝は親ぼく旅行を行ったが，カンパ

で旅行資金をまかなったことに関する批判に対し，以下のような反論が
出されている．

> 後の問題は経済的に恵まれない我々に向かって，集めたお金で旅行する
> ことが悪いということならば生活保護や年金で結婚し子供をつくるなど
> ということは大変いけないことであり，成人して三十，四十になっても
> 親に食わせてもらっているのはなおいけないことになる．　……そういう
> ならば我々働けない者は生きていること自体が贅沢だということにな
> る．「何もそこまで言ってやしない」と言うだろう．が，そのそこまで
> というという言葉の中に残忍なまでの差別意識がしそんでいるのに気づ
> かないのだろうか．もう少し説明するならば「お前達は情けを以て生か
> すだけは生かしてやるが，基本的人権がどうの，勉強がしたいの趣味を
> 広めたいの，旅行に行きたいのなどと言ってはいかんぞ」ということ［「あ
> ゆみ」no 9，1970：69］．

　神奈川青い芝が問題にしているのは，社会の中で障害者の権利は一定
程度認められているが，一定以上の権利が容易に制限されること，そし
て時にはその制限が障害者の生存に及ぶことである．つまり，社会の価
値観が健常者を中心に構成されたものであり，障害者の存在を負として
位置付け，「排除─序列化」すると神奈川青い芝は主張した．
　さらに，かえす刀で神奈川青い芝は障害者自身の意識にも目を向ける．
「あゆみ」no 9 の文章は以下のように続いている．

> 会員の中にも「あまえている…」云々という意見があるそうだが，それ
> はその人自身の意見ではあるまい．それは世間（家族や周りの人）にしら
> ずしらず教えこまれたものであろう［「あゆみ」no 9，1970：70］．

　また，その後の告発を中心とした運動に対して会員の中から「障害の

上にあぐらをかいているのではないか」という疑問が出されるが，次の
ような反論が掲載されている．

> 障害者は今まで自分の存在を否定し続け，そうすることが美徳とされて
> きました．いつも社会の底辺におかれ，ものの陰に，こそこそと生きる
> 姿勢を強いられてきたのです．それがたとえ人間として当然のことだと
> しても，障害者のくせに，甘えている，僻んでいる，等という言葉で圧
> 殺されてきたのです．……貴君も紛れもないCP[4]です．その貴君が腹を
> 立てた理由は，障害者は哀れな存在でなければならないという世間の固
> 定観念を無意識のうちに受け入れて，自分だけは哀れな存在となりたく
> ない為に世間一般の側につこうとして，CPであることを忘れようと必
> 死になっていたところへ，横田氏の胸を張った文章が現れたからではな
> いでしょうか［「あゆみ」no11，1970：103-104］．

　障害者を負の存在とする社会の価値観は，障害者自身の意識に影響を
及ぼす．障害者自身が社会による権利の制限を当然のことと思い，自己
の権利を規制する．障害者は自らの障害に否定的価値を与え，健常者に
より近付こうとする．それは，「健全者幻想」[5]として表現されている．
神奈川青い芝は，健常者を中心とした社会による障害者への「排除―序
列化」を鋭く告発すると同時に，障害者自身に対しても自己の権利の規
制や「健全者幻想」に基づく自己否定からの解放を訴えた．

3　「障害」アイデンティティの確立とその困難

　「健全者幻想」からの脱却の出発点となったのは，健常者とは異なる
存在として障害者を位置付けることである．神奈川青い芝は，障害者も
健常者も同じ人間という言葉に対して，同じ人間の基盤を健常者に置く
ために，障害者に対しては「健全者幻想」を植え付け，障害者に自己の

否定と権利の制限をもたらすとして疑問を投げかけ，さらに，同じ人間でありながら，社会は障害者を容易に切り捨てるではないかと批判する．

　たとえば，神奈川青い芝の会員の幾人かは，1972年に映画「さようならCP」（1972年疾風プロダクション制作）の制作に関わるが，その動機の一部は以下のように語られている．

> よく障害者も同じ人間なのだという言葉を聞く，……この安直に使われる言葉に反発を感じ，いや，絶対違うのだ，と思ったことがドキュメント「さようならCP」を作ろうとした主な動機である．……健全者といわれる人達と我々CPには明らかに肉体的に違いがある．つまり私の持っている人間観，社会観，ひいては私の視る風景までも，他の人，特に健全者といわれる人達とは全然別なのではあるまいか［「あゆみ」増刊no14，1972：158］．

　「さようならCP」では，繰り返し脳性マヒ者の身体的動作が強調される．神奈川青い芝は，健常者を中心とした社会から取り出され，否定される，障害者が有する特有の身体を逆に共通の基盤として取り出すことで，健常者を中心とした社会とは異なる別の価値体系＝文化の構築を試みた．そこでは，自らの有する障害は否定すべきものではなく，自らを構成する本質的なアイデンティティとして位置付けられる．それは「CP者としての自覚」と呼ばれる．

> CP者としての真の自覚とは，鏡の前に立ち止まって（それがどんなに辛くても）自分の姿をはっきりとみつめることであり，次の瞬間再び自分の立場に帰って，社会の偏見・差別と闘うことではないでしょうか［「あゆみ」no12，1971：107］．

　神奈川青い芝は，否定的に扱われる差異としての障害を逆に自らのア

イデンティティの準拠点として積極的に再定義し，障害者の思考や行動様式を規定する文化としてとらえなおす．そして障害者は文化的なマイノリティとして位置付けられる．神奈川青い芝の運動は，本質的な文化としての障害を基盤とした「障害」アイデンティティの確立とそれへの社会の承認を求めるもの理解できる．

　しかし，実際に，運動の中で「障害」アイデンティティの確立に際して大きな割合を占めたのが，障害者を健常者と対立する存在としての位置付けることである．以下の文章にみられるように障害者が「健全者幻想」から脱却するためには健常者と対立することが重要だとされ,「障害」アイデンティティの確立において「障害者／健常者」の対立図式は必要不可欠なものとなっていく．

　　今の我々は，相手に理解されようとする事よりも，むしろ相手に拒否される事が大切なのではないか．というよりも拒否される形に迄持っていく覚悟が必要なのだ．そこは常に勝つか負けるかの場であり，強烈な自己燃焼に伴う緊張の連続なのである．我々の過去は余りにもそうした場面を避け過ぎはしなかっただろうか［「あゆみ」no 9，1970：74］.

　　私たちが自己の確立を計ろうとする時，それを排除，疎外，抹殺しようとする敵に対しては，断固たる斗いの態度を取らなければならない．……私たちの強烈な「CP者エゴイズム」と「健全者エゴイズム」の激突の中から自己確立を計ることこそ，私たちが解放へと近づける唯一の道であろう［「あゆみ」no19付録，1972：242］.

　神奈川青い芝の理想とした健常者と障害者が共に生きる社会とはこのような，健常者と障害者の相互自己主張のぶつかりあいを通してのみ成立しうる社会である．

第2章　障害者運動とアイデンティティ形成　27

　半世紀後を生きる私たちは，その後に起こった「障害」アイデンティティの困難をみることになる．70年代中頃より神奈川青い芝では，実際に障害者と関わる健常者の存在を巡って問題が起こった．神奈川青い芝は1977年に運動を助ける健常者の組織として健全者行動委員会をつくるが，直後に解散させている．以下の引用はこの行動委員会の位置付けを巡っての議論である．

　　　W　会長は，健全者をどのように思っているのですか？……YA　健全者は例えどのような状況であっても差別者の根源ではないか，と考えております．……W　『青い芝』の運動には，みんなが外に出て生活すると言う事があるでしょう．それなのに健全者は敵だ，あるいはロボットだと言う事ではどうしたら良いのですか．……．……YO　私達脳性マヒ者，特に重度脳性マヒ者は，生まれて数多くの健全者に殺されているわけです．殺されない者は差別を受けている訳です．健全者個人個人がどうのこうのと言う事ではなく，健全者そのものが我々にとって大きな敵なのです．しかし，現実に我々が社会に生きている以上，健全者と関わりを持たなければならない，と言う大きな矛盾を持っている訳です．健全者を少しずつ，私達の方へ近づけていかなければならない，根本的に言えばそういうことです［「あゆみ」no44，1978：926-927］[6]．

　神奈川青い芝の運動は「障害」アイデンティティの共有化を通じて，「健全者幻想」からの脱却に対して一定の成功を収めた．しかし，「健全者個人個人がどうのこうのと言う事ではなく，健全者そのものが」，「健全者を少しずつ，私達の方へ近づけていかなければ」といったように，「障害」アイデンティティは，「障害」という社会の中で恣意的に構築され，「排除―序列化」される差異を，逆側から利用し，健常者という集合的カテゴリーを構築し，「排除―序列化」することにより，形成されるも

のである．その結果，個別・具体的な差別現象とは関係なく，社会のすべての人々を「被差別者としての障害者」と「差別者としての健常者」のいずれかの立場に振り分け，それ以外の立場を許さないものとなった．それは，本来無数に存在する健常者や障害者個々人のあり方やその関係の結び方を，青い芝神奈川の理念に基づいて画一化していく問題点を持った．以下の文章は，神奈川青い芝の会員が，別組織の会報で書いた文章である．

　　青い芝の会員である私も「健全者がCP者を差別するものであり，CP者は差別と闘わなければならない」という考え方には変わりはありません．しかし，「それで現実にどうするのですか？」と問われる時，神奈川青い芝などとは違ったもう1つ別のやり方〜健全者との関わり方〜があると思うのです．……もし何らかの思想，イデオロギーによってしか健全者がCP者に係わり得ないとしたら，イデオロギーや闘争とは無関係に生きている大部分のCP者の実態は健全者にはわからないし，大部分のCP者は，肉親や施設職員以外の健全者とかかわりが持てないことになるでしょう．日常的にくり返し続けられる係わりを軸に，健全者との人間関係を周囲に広げていきたいと考えるのです［横塚 1979：6-7］．

　神奈川青い芝内部で，「健全者幻想」から脱却し，障害者としての自らを否定せず，なおかつ，個々の健全者との人間関係を模索する視点が登場する．この視点は，神奈川青い芝以後の課題として，ピア・カウンセリングに引き継がれている．

第 4 節　1990年代の自立生活センターによるピア・カウンセリングとアイデンティティ形成

1　自立生活センターとピア・カウンセリング

　続いて1990年代の自立生活センター[7]によるピア・カウンセリングを取り上げる．ピア・カウンセリングは自立生活センターを中心に1980年代後半以降，障害者運動内部に登場した新しい動きである．

　自立生活センターは，1980年代後半以降，日本の障害者運動の中に生まれ，各地域で広まった障害者の自立生活の普及と支援を目的とする組織である．権利擁護や情報提供に加え，介助派遣サービスなどを障害種別に関わらず提供している．最初の自立生活センターは1986年に八王子市で誕生し，2024年現在自立生活センターの全国組織である全国自立生活センター協議会には100を超える団体が自立生活センターとして登録している．自立生活センターでは，障害者の自立生活の普及と支援のために介助者の派遣といった物質的なサポートのみならず，心理的なサポートも行っており，その中心となるのがピア・カウンセリングである．ピア・カウンセリングはアメリカの自立生活センターで行われていた同名のカウンセリングを，日本の自立生活センタースタッフが改良し，新たに日本の自立生活センターの事業として始められた．1988年にヒューマンケア協会で第1回集中講座が開催され，その後1992年に全国自立生活センター協議会内にピア・カウンセリング小委員会が設けられ，各地自立生活センターを中心に普及した．

　1980年代後半以降の障害者福祉施策の拡大により2000年当時，障害者の生活水準は以前より向上しつつあった．しかし，自立生活センタースタッフは，障害者個人の内部には心理的抑圧があり，その結果自立生活

が困難なものになっていると認識している．自立生活センターは，地域で自立生活を営む障害者を増やすためには，障害者自身の心理的抑圧を解除する意識変革が必要であるとし，ピア・カウンセリングを実施している[8]．

　以下では筆者が2000年から2001年にかけて，当時の東京都内の自立生活センター職員およびピア・カウンセリング経験者へ行ったインタビュー調査の結果をもとに1990年代の自立生活センターによるピア・カウンセリングの活動を分析する[9]．

2　ピア・カウンセリングにおける心理的抑圧の解除

　ピア・カウンセリングの考え方の基盤には「すべての人間は知性，創造性，喜びにあふれ，愛し愛されたい，積極的存在である」という積極的・肯定的人間観がある．ピア・カウンセリングでは障害者個々人がこの積極的・肯定的人間観に基づき自己信頼を再構築し，他者に対して自己主張できるようになることを目的としている［安積・野上 1999］．そして，この積極的・肯定的人間観の獲得の妨げになるものを「傷」と呼び，注目する．

　　　人間は一生懸命，頑張っているとき，苦しかったりする．障害者は障害者ということで，その苦しみや我慢をよりたくさん経験する．

とKさんが語るように，「傷」は健常者を中心とした社会の価値観が障害者個人の内部に投影された結果，障害者が余分に背負い込んでいるものである．

　さらに，「傷」は自己嫌悪や自己否定をもたらすさまざまな過去の記憶であり，周囲の人々その環境によって，個々の障害者の本来的感情が抑圧され，健常者を中心にして構成される社会の「障害者を否定的に捉

える」価値観が障害者に内面化される経験でもある.

> 施設では，自分の言いたいことが言えなくなってしまう．職員にお水が飲みたい，何か食べたいと言っても後でと言って放置されてしまう．そういうことが重なって，自分の気持ちを人に素直に言えなくなってしまう．（aさん）

　こうした「傷」は，障害者に自己嫌悪や自己否定をもたらし，その障害者の思考や行動様式を，自己抑制的なものへとパターン化する．ピア・カウンセリングでは積極的・肯定的価値観に基づき障害者個々人が感情を解放することで，障害者個人が「傷」から回復し，自己主張をできるようになることを自立生活の重要なステップとして位置付けている．
　ピア・カウンセリングの特徴の1つは障害者が障害者を支援することにある．自立生活センタースタッフは，障害者個々人が持つ「傷」には共通して健常者を中心とした社会の価値観の影響があるとする．したがってこうした障害者を支援することができるのは，健常者の専門家ではなく共通の体験を有する障害者であり，社会の価値観から離れた障害者の集合的空間が必要であるとされる．そのため，健常者を排除した障害者同士の間でカウンセリングが行われている．経験者によれば，障害者同士で行われることは大きな意味を持っており，それは以下のように語られている.

> 似たような体験をしてきた仲間と出会うことによってこういう体験をしてきたのは自分だけじゃないんだと思うことができる．（bさん）

> 障害を持った人の方が，同じような体験をしていたりすることもあるので話しやすい．中には健常者に対しては緊張して話せない人もいる．（aさん）

経験者は，自らと共通の存在としての障害者に出会い，安心感を得ている．したがってピア・カウンセリングには，健常者を中心とした社会の価値観の影響から脱し，先輩や仲間の障害者達と自立生活の理念等の価値観の共有化を図る側面が存在する．

もう1つの特徴はその支援のあり方にある．ピア・カウンセリングには「同じ体験をしたもの（ピアな存在）同士が互いにサポートしあう」という理念が存在するため，互いに支援しあうものとなっている．その最も中心的な方法は障害者同士が二人一組になりお互いに相手に自分のことを語り，相手の話を聞き，無条件に肯定する，「セッション」と呼ばれるものである[10]．この中で，語り手は語る過程で自らの内部に存在する感情を解放することにより，「傷」から回復し，本来の積極的存在としての自己を取り戻すとされている．ピア・カウンセリングには経験者が語りにより自分自身に向き合うことによって「傷」から回復する側面が存在する．

> ピア・カウンセリングを体験することによって自分自身の気持ちを落ち着かせられるようになった．（cさん）

> 自分で自分の気持ち，楽をしたいとか，を認められないことがあった．ピア・カウンセリングを受けて自分の気持ちに後ろめたさを感じないで認められるようになった．（eさん）

といった例にみられるように，語りを通して経験者が，自分の中に存在する混乱した気持ちを落ち着かせ，前向きになっている様子が共通して存在する．

このようなピア・カウンセリングを受けることによって，多くの経験者は障害に関係なく自分の思ったことを主張してよいという価値観を形

成している．たとえば，ピア・カウンセリングの効果としてgさんは以下のように述べている．

> 自分がなにかできないと自己主張しちゃいけないんだと思っていた時代があった．人の手を借りなくちゃいけないことで自信をなくしていた．ピア・カウンセリングに出会うことによって，障害を持っていても自立できるんだと思えるようになってきた．

また長期間の施設入所経験のあるaさんは以下のように述べている．

> 自分の言いたいことがそれまでなかなか言えなかったが，講座を受けるようになって，自分自身の気持ちを表現できるようになった．

　ピア・カウンセリングは，障害者の心理的抑圧を解除し，自己主張を支援するという側面において有効に機能している．

3　ピア・カウンセリングを通して形成されるアイデンティティ

　健常者を除いた障害者同士が集まる空間をつくり，その中で障害者の自己主張を可能とするような意識が形成される点において，ピア・カウンセリングには神奈川青い芝の主張した「障害」アイデンティティの確立との類似点がある．先に，神奈川青い芝の運動ではアイデンティティ確立過程の中に「健常者／障害者」の対立図式が存在し，健常者との関係の構築が困難になったことを確認した．しかし，ピア・カウンセリングの経験者の意識をみると対立図式は強固なものとしては存在していない．たとえば，ピア・カウンセリングで得たものが日常生活に延長されるとき，そこには単に自己主張するのではなく，自分以外の相手の話を聞く，相手を受け入れるという意識がみられる．

ピア・カウンセリング以外の場面でも人の話をとことん聞けるように
なった．（dさん）

　また，先の全国青い芝にも関わりのあったeさんは以下のように述べ
ている．

青い芝は健常者文化を否定しているところがあった．障害が軽い人は重
い人に対して引け目を感じる．歩ける人間は歩けない人間に対して引け
目を感じる．ピア・カウンセリングは障害があってもなくてもすばらし
い，本当のところ自分がどうしたいのかが問題．

　eさんは「本当のところ自分がどうしたいのか」に焦点を当てている．
ピア・カウンセリングでは，まず個人の欲求に注目し，それをもとに，
健常者を中心とした社会によって形成された価値観から離脱し，ピア・
カウンセリング空間の中で形成された自分自身の意識によって欲求およ
び自らの存在を肯定することによりアイデンティティを形成する．たと
えば，fさんは以下のように語っている．

自分のやりたいことをはっきりさせ，自分の生き方を納得するのにピア・
カウンセリングは有効．

　このようなアイデンティティ形成を可能にするのは，障害者同士の空
間の構築および，障害に基づく行為・経験の語りと相手の語りに対する
無条件の肯定である．まず，障害者同士の空間は，障害者個人に健常者
を中心とした社会の価値観の影響を離れて自由な語りを可能にする．そ
こで語られるのは，過去の行為や経験としての「障害を抱えたゆえに現
在まで断念してきた欲求」である．欲求の断念は，障害と結びついてお
り，その障害はそもそも私が選択したものではなく，与えられたもので

あるので，私が肯定することは不可能である．これが「すべての人間は知性，創造性，喜びにあふれ，愛し愛されたい，積極的存在である」という理論のもとで聞き手に「無条件」に肯定される．無条件の肯定であるがゆえにその肯定の主体は語り手に返され，欲求は語り手自身によって肯定される．このとき，語り手は自己主張を行うことと同時に自らを「欲求をもとに自己実現していく存在」と認識し，欲求と併せて自らの存在も肯定することができる．この自らの存在を肯定した後に，自らの障害がとらえ直され，障害を持つ自分が可能な欲求というものが具体化される．

　たとえば，gさんは以下のように語っている．

> 以前は周りに働きかけることが苦手だった障害を持つことによって諦めた部分には，物理的な部分と精神的な部分があったが，精神的な部分は主張していいんだと思えるようになった．（障害者aさん）

　また，hさんは以下のように語っている．

> 障害があると自分は世間の重荷であると思いがちであるが，生きていること自体に価値があると思えるようになった．

　以上のような経緯を経てピア・カウンセリングでは，障害者個人が「障害者としての自分の生き方」を集合的差異（カテゴリー）としてあらかじめ付与されたものから，自らが選択したものとして再定義することを通して，アイデンティティが形成される．こうしたアイデンティティは，「本当のところ自分がどうしたいのか」に注目するがゆえに，障害者と健常者の差異を強調しない．「障害があってもなくてもすばらしい」と語られるように，健常者は障害者と同様に自らの欲求をもとに自己実現を図っていく存在であり，自らのアイデンティティ形成に取って否定すべ

き存在ではなくなる.

　つまり，ピア・カウンセリングでは，障害者個人が有する欲求を，「能動的」かつ「個別的」なものとして取り出し，自身を他人の手助けを得ながらも欲求をもとに自己実現する能動的な存在として自己の存在を肯定する．このとき，障害と健常の差異は欲求をもとに自己実現する存在という健常と障害を越えた高次の理念的規範モデルの中で，障害者と健常者の存在はともに肯定される．

　しかし，ピア・カウンセリングはいくつかの問題点も併せ持っている．第1に，「障害者同士はピア」であると規定し，障害者同士で行うことを基本とするため，「障害」は抽象的な集合概念としてとらえられ，強調はされないが障害と健常の差異は存在している．第2に，語りによって生み出されるアイデンティティを「すべての人間は……」と規定する積極的・肯定的価値観の中に位置づけている．この結果としてピア・カウンセリングはアイデンティティを，日常生活の現実的・具体的な健常者や障害者との関係を離れ，理念的規範モデルにする一方で，その形成を障害者同士というピア・カウンセリング内に限定する部分が存在する．しかし，ピア・カウンセリングを更に検討すると，当初の意図を超えたアイデンティティ像の可能性が存在していることが分かる．

第5節　身体的存在としてのアイデンティティ

1　身体という他者の受容

　ピア・カウンセリングで形成されるアイデンティティが理念的規範モデルを超えて健常者を含む他者との相互関係の中に拡張される契機は身体の他者性の受容にある．

　実際の個々人のアイデンティティ形成の過程を注意深くみると，そこ

にはピア・カウンセリングの意図を超えた,「障害／健常」という差異に依存しない個別・個人的なアイデンティティ形成の可能性がみられる.たとえば,経験者からは以下のような指摘が存在する.

> 全部が全部ピアなのではなく,ピアという気持ちを持ちながら,個々が違うところから始めて,この部分が同じで,この部分が違うと確認していく.(iさん)

> 本当は一人一人異なるのだが,勘違いして同じ体験だと思ってしまい,本質的に聞こうとしない危険性に注意する必要がある.(jさん)

ピア・カウンセリングでは自らが語ると同時に他の障害者の語りを聞くことが行われる.そこにおいては障害者間の共通性とあわせて,差異も認識される.また,ピア・カウンセリングの中で障害を持つ自分が可能な欲求が具体化されるとき,障害の位置づけが変更されている.このとき,語り手および聞き手にとって,障害は個別・個人的な事柄として存在する.障害は健常者を中心とした社会によって集合的に規定された差異(カテゴリー)に一般化しえない,個人の行為・経験の中に位置づく.したがって,選択されるのは抽象化された「障害者としての生き方」ではなく,個別・個人的な差異としての「障害者としての自分の生き方」である.つまり,ピア・カウンセリングにおけるアイデンティティは障害を行為・経験という個別・個人的レベルに位置づけ直すことにより形成される.行為・経験によって規定される障害は,身体と個人の関係への認識ともいえる.したがって,ここで提出されるアイデンティティ像は,障害者・健常者に関係なく私たちすべてに関係する.私たちの個人の領域を根源的に確定する身体は2つの側面を持つ.1つ目は身体の能動性である.私たちは,私たちの身体を制御することを通じて,思考し,

体験する．私がなんらかの差異に対して私を構成するものであると選択することが可能であるとするならばそれは身体によってである．一方で，私たちは身体が自分の意思に反して，作動してしまうという経験を有する．2つ目に身体は他者性としての側面を持つ[11]．私たちは常に身体を完全に制御することはできない．このとき身体は体験されるもの，すなわち私の他者として存在する．通常，私たちが身体に関わる差異を選択するとき選択されるものは，身体をいかにうまく制御できるかという身体の能動性，つまり能動性と他者性の差異である．そこでは，できる部分が評価され，できない部分は否定される．通常，障害のある身体は，健常者の身体との比較の中で「できない」部分，すなわち「身体の他者性」として認識される．しかし，ピア・カウンセリングの中で選択される「障害者としての生き方」は，個人の行為・経験によって規定される「身体の他者性」を含む．そこに身体の能動性と他者性は切り離せず，私を能動性と他者性という両義性を持った身体的存在とする認識がみられる．こうした個人の身体の制御できない部分としての「身体の他者性」の認識は健常者・障害者に関係なく共有されるものだろう．ここで，身体の能動性と他者性を併せた身体的存在として私を選択するという個人の中に差異を内包するアイデンティティを身体的存在としてのアイデンティティと定義する．身体的存在としてのアイデンティティは，障害者個人が「具体的な他者」との相互作用を通して，個人内部に存在する受動的に体験される「身体の他者性」としての障害のある身体を選択することにより獲得される．以下で語られるように，ピア・カウンセリングはこのアイデンティティの獲得につながっている．

　　大学に通って福祉の勉強をしながら，自分の中で健常者よりすぐれている部分を探している自分があった．そんなとき，ピア・カウンセラーと

出会って，障害をそのまま受け止めてできないことはできないと言って
いいんだよと言われた，自分の障害のことを認めれば自分が楽になれる
と気がついた．（fさん）

2　身体的存在としてのアイデンティティの獲得様式

　障害者・健常者に関わらず私たちは，「身体の他者性」を受容しよう
とする志向と同時に，身体の能動性と他者性を切り離そうとする志向を
持ち合わせている．しかし，身体的存在としてのアイデンティティは身
体を経由するがゆえ，理念的規範としてではなく，異なるものとして存
在する個別の現前する他者との相互作用の次元に存在する．それは，私
たちが同様に身体を通して個別的かつ具体的に存在しており，相互作用
はその身体が出会う機会だからである．このアイデンティティの獲得様
式はピア・カウンセリングの中にもみられる．経験者の中からは，障害
者間の差別をしなくなったという声が聞かれた．

　　　障害者特に，CPの人への見方が変わった．昔はCPの人たちに対し，差
　　　別的だった．今もそういう部分があるかもしれないが，「障害者という
　　　以前に人なんだ」という見方ができるようになったと思う．（kさん）

　ピア・カウンセリングは自らが語る場であると同時に他者の語りを傾
聴する場でもある．自らが身体的存在としてのアイデンティティを獲得
するとき，過去の行為や経験を語る現前する他者は自らとは異なりなが
らも，同様に身体を持ち，身体的存在としてのアイデンティティを有す
る存在であると想像することができる．さらに，この流れは可逆的でも
ある．ピア・カウンセリングでは他者によって語られた過去の行為・経
験を通じてその他者を知っていく．現前する他者の身体および他者に
よって語られる行為・経験は，他者が，「障害／健常」等の恣意的差異

によりカテゴリー化された存在ではなく，差異の統合体として，個別・個人的な身体的存在としてのアイデンティティを有する存在であることを想像させる．他者をそのように引き受けるとき，自らがその他者とは異なりながら身体的存在としてのアイデンティティを有する存在であることを知り，自らの身体の他者性を引き受けることができる．つまり，私の語り，相手の語りの交差点に，差異に基づき，自らの内部の他者および外部の他者を「排除─序列化」することによって生じるアイデンティティとは異なるアイデンティティ像が存在する．

　ピア・カウンセリングを経験した障害者が街に出るとき，あるいは地域で生活を始め，生活に介助者として健常者を入れるとき，健常者と障害者の出会いが生まれ，健常者と障害者の間の身体的存在としてのアイデンティティへの新しい関係が開かれている．[12] たとえばgさんは，ピア・カウンセリングでの経験が日常生活にも反映され，

　　色んな人がいるということを理解でき，多様な介助者を受け入れられるようになった．

と述べている．

第6節　私と他者が共に生きるアイデンティティ

　神奈川青い芝は障害者の権利を一定程度認めながら，それを超えた場合に制限を加える健常者を中心とした社会の価値観に対して積極的に問題提起をした．そのうえで「健全者幻想」という言葉を用いて，障害者自身が障害者を負の存在と見なすような社会の価値観を内面化することで，自分の存在を否定し，自ら自分の権利を制限していることを批判した．

ピア・カウンセリングでは，障害者が健常者と相互行為を行うなかで，健常者を中心とした社会の価値観が障害者に内面化されることを「傷」と表現する．そして，「傷」は障害者の思考や行動パターンを制限し，障害者に自己嫌悪や自己否定をもたらすとする．

このように，本章で取り上げた2つの障害者運動はともに，障害者が社会の価値観を内面化することにより障害を持つ自己の存在を否定的にとらえ，自己主張を自ら規制していることを課題としてとらえ，そうした価値観からの脱却を訴えた．そのためには，障害による不利益や活動の制約を社会的障壁の除去によって解消するだけでなく，障害者が自己を肯定的な存在として認識するようなアイデンティティ形成が求められた．2つの障害者運動の中で障害者は肯定的なアイデンティティを構築し，他者に対して，自己主張をするようになっていた．こうしたアイデンティティは神奈川青い芝にみられた集団的なものからピア・カウンセリングでみられる個別的なものに移行している．しかし，私たちはこうしたアイデンティティ形成から，その背後に存在する障害者に対して自己主張の抑制を迫る私たちの社会の障害をもつ身体への否定的な価値づけや，障害者を非自立的な存在とする位置づけのあり方の問題性を学ぶべきであろう．

身体的存在としてのアイデンティティは，障害者と健常者という差異を作り出す「障害／健常」という差異を，個人内部の身体の能動性と他者性という形に置き換えることによって，健常者と障害者という抽象的な差異カテゴリーを無効にする．したがって「障害／健常」という差異を超えて身体を媒介にして獲得される身体的存在としてのアイデンティティは健常者と障害者の間，あるいは健常者と健常者の間においても成立する．

自らが身体的存在としてのアイデンティティを獲得することと他者を

身体的存在としてのアイデンティティを有する存在であると引き受けることは，現前する他者との出会いの中で相互作用として存在する．同一性を軸として，統合不可能な他者を排除することで形成されるアイデンティティとは異なる，このアイデンティティの次元において，私たちは，自らと他者が身体を媒介とした一つ一つの存在であると認識する．その瞬間に私たちはアイデンティティ形成と他者と共に生きることを両立させることができる．

　自らのアイデンティティを確立する行為はそれが差異と密接に結びつくため，容易に他者をカテゴリー化し「排除―序列化」することにつながる．私たちは，身体というその人と切り離しがたい差異が取り出され，「排除―序列化」される状況から生み出された「障害にこだわる運動」との対話を通じて，身体の他者性を引き受けるという身体的存在としてのアイデンティティ像を発見することが可能となった．そこにおいて私たちはすでに他者と共に生きる状況に存在している．そこでは他者は自らとは異なる個別・個人的な存在であると同時に，同じ身体的存在としてのアイデンティティを有する存在である．絶えず見失われる身体的存在としてのアイデンティティは，現前する他者との出会いの瞬間でしか獲得されえない．私たちが2つの実践から学ばねばならないのは，私たちの傍らに存在してしまっている他者への想像力であろう．つまり，現前する他者との出会いの中で，自らの身体の他者性と向き合い，引き受けること，そして出会った他者を自らとは異なりながら身体的存在としてのアイデンティティを有する存在として想像することである．

注
1）　倉本［1999］はこうした運動を差異派と呼ぶ．立岩［2000］は差異を単純に賞揚していないとし，「できない（ことにこだわる）派」とする．本書の立

場は立岩に近いが，身体と障害の関係に着目し，「障害にこだわる」と表記した．

2） 会報は神奈川青い芝の公式な文書で，活動方針や活動記録等も記載されているが，この他に，行政や他の諸機関に出された文書やその回答，総会の記事録，会員からの投稿など多岐にわたる記事から構成されている．また内容も，単に会の活動や見解を会員に伝えるのみでなく，会員相互間や執行部に対する批判等も掲載されるなど，幅広い内容を含むものとなっている．こうした，自由度の高いドキュメントを分析することにより，単に神奈川青い芝の公的な活動のみを把握するに留まらず，会員個々人の意識を知ることができる．

3） 2人の脳性マヒ児を抱えた母親が，子どもの将来に絶望し1人の子どもを殺してしまう事件に対し，地域住民が母親の殺害理由の一因は行政側の福祉施策の不十分さにあるとして減刑運動を展開する．この減刑運動に対し，神奈川青い芝は「脳性マヒ児なら殺されていいのか」と反対運動を行う．

4） 脳性マヒの略語としてCPが用いられている．以下同様．

5） 「健全者幻想」は「己の肉体とは関係なく，健全者を目標とし，自分もいつの間にか健全者になったつもりですべてを思考し発言する」[「あゆみ」増刊no14，1972：157] ことであると記されている．

6） 引用文の実名はW，YA，YOと略記した．

7） 自立生活センターは，障害者が主体となって運営し，自立生活の理念に基づき，障害者の自立生活を支援する組織である．その全国団体である全国自立生活センター協議会は，自立生活センターの条件を以下に求めている [樋口 2001]．

　　1．意思決定機関の責任および実施機関の責任者が障害者であること．
　　2．意思決定機関の構成員の過半数が障害者であること．
　　3．権利擁護と情報提供を基本サービスとし，且つ次の四つのサービスのうち二つ以上を不特定多数に提供していること．
　　　・介助サービス
　　　・ピア・カウンセリング
　　　・住宅サービス
　　　・自立生活プログラム
　　4．障害種別を問わずサービスを提供していること．

8） 実際のピア・カウンセリングには，10人程度の人が一カ所に集う講座形式

と自立生活センタースタッフであるピア・カウンセラーが相談者に対応する1対1で行われる個別形式がある．講座形式の中心は2泊3日の合宿形式が多い集中講座と3〜4回の合宿形式や所定の場所に通う形式で40時間のプログラムを3カ月程度で消化する長期講座である．

9）　インタビュー調査は2000年6月から12月にかけて東京都内の自立生活センター職員およびピア・カウンセリング経験者に対して行った．インタビューは共通の質問項目として①基礎的属性（年代，性別，障害の程度，生活史の概略，現在の生活状況），②ピア・カウンセリング経験の種類と回数，③ピア・カウンセリングに触れた経緯，④ピア・カウンセリングの受講感想，⑤ピア・カウンセリングと現在の生活の関係，⑥自立生活センター職員になった経緯を設定した他，ピア・カウンセリングについて自由に発言してもらう，半構造化インタビュー形式で行った．

　　　本文中で引用した人物の簡単なプロフィールを以下に示す．

　　　　a，20代，女性，脳性マヒ
　　　　b，30代，女性，脊椎損傷
　　　　c，40代，男性，脳性マヒ
　　　　d，20代，男性，骨形成不全
　　　　e，40代，女性，脳性マヒ
　　　　f，20代，女性，脳性マヒ
　　　　g，30代，女性，筋ジストロフィーに近いもの
　　　　h，40代，男性，筋ジストロフィー
　　　　i，40代，男性，脳炎
　　　　j，50代，女性，脳性マヒ
　　　　k，20代，男性，脊椎損傷

10）　この他に「アプリシエーション」と呼ばれるその障害者の長所を他の障害者が指摘する方法や，「ニュース　アンド　グッズ」と呼ばれる身近に生じた新しいことや良かったことを述べ合う方法なども用いられている．

11）　身体の他者性を個人に帰属させる思考の一部は立岩［1997］から示唆を受けた．立岩は身体の他者性を軸に自己決定権の擁護と制約，富みの再分配へと論を展開させるが，ここでは身体の他者性とアイデンティティとの関係について議論をする．

　　　なお，立岩は「私でない存在，私が制御しないものがあるということにお

いて，私たちが生を享受しているのだ」［立岩，1997，106］と述べ，人間の
本来的欲求を根拠に身体の他者性を含む他者の存在の肯定を主張する．立岩
が肯定するのは抽象的概念としての他者である．花崎は重度障害児を例に挙
げながら，「人間の相互承認と相互干渉の次元に，「人権」を定位させて，関
係性へととらえるべきであり，天賦人権といった形而上学的な，あるいは自
然法的な考え方にたよるのは克服すべき神話ではないか」［花崎，1993，172］
と述べる．本書も4章・5章で障害者と健常者の相互作用から両者の相互理
解の可能性を検討した．

12)　先に述べたピア・カウンセリングの批判点は自立生活センター職員にも自
覚されており，多くの自立生活センターではピア・カウンセリングと併せて，
自立生活プログラムを通じて街に出かける，介助者を入れて生活する等の健
常者（社会）と関わる支援も実施されている．

第3章　重度障害者の障害認識とその変容

　この章では，重度脳性マヒ者2名のライフストーリーについての語り
を紹介し，障害者本人の障害への認識とその変容のプロセスを検討する．
そして，障害者本人の障害への認識を理解する上で，現在の障害受容論
にはいくつかの課題があり，障害への認識の理解にアイデンティティの
視点を導入することが有益であることを指摘する．

第1節　障害受容論とアイデンティティ

　2章で紹介したように，障害者は健常者との相互作用の中で健常者を
中心とした社会の価値観を内面化することで，障害のある自己を否定的
にとらえ，自己主張や社会参加を自ら抑制する．障害者の生きづらさを
解消するうえでは，物理的障壁の除去のみならず，障害者本人の自己の
障害に対する認識にも着目する必要がある．2章では障害者運動に焦点
を当て，その中で提起された障害のある身体を否定しないアイデンティ
ティ像を分析した．この章では障害者個人のライフストーリーに焦点を
当て，障害者本人の障害への認識とその変容のプロセスをアイデンティ
ティの視点から検討する．

　これまで，障害者個人の障害への認識が障害者の行動に影響を与える
ことはリハビリテーション分野において議論が蓄積されており，障害受
容論として理論化されている．上田は欧米の研究をもとに障害受容を「障

害に対する価値観（感）の転換であり，障害をもつことが自己全体としての人間的価値を低下させるものではないことの認識と体得を通じて，恥や劣等感を克服し，積極的な生活態度に転ずること」[上田 1980：516]であるとする．

　障害受容論は「価値転換論」と「段階理論」の2つから構成される．「価値転換論」は，障害に対する価値の転換には「価値の範囲の拡大」，「障害の与える影響の制限」，「身体の外観を従属的なものとすること」，「比較価値から資産価値への転換」の4つの側面が存在するとするものである．「段階理論」は，障害受容を喪失体験や挫折体験からの立ち直りの特殊なケースと考え，「ショック期・否認期・混乱期・解決への努力期・受容期」の5段階を経て障害受容がなされるとするものである．

　障害受容に関する理論・臨床的研究はこれまで主に医療者や援助者の視点からみた，中途障害者の身体的変化に対するリハビリテーション期間の心理状態の分析と適応を対象としてきた．脊髄損傷者や脳卒中患者など中途障害者を主な対象として研究がなされ，健常者から障害者になるという身体的変化により生じたネガティブな心理状態が時間的経過とともに障害の受容や適応により何らかのポジティブな心理変化が起こることが報告されている（岡本 [2003]，小嶋 [2004] など）．

　しかし2000年代以降，障害受容論が当てはまらない事例が確認され，障害者全般の障害への認識を扱うには限界があることが認識されつつある．現在，障害受容論に対する批判や見直しが進んでいる．主な批判は4点である．

　第1に価値転換論が主に中途障害者を対象に導き出されたものであり，身体的変化をともなわない先天性障害者を十分に扱えていない点である [田垣 2002]．第2に，段階理論が主にリハビリテーション期間という短期間を対象としており，長期間にわたる障害に対する認識の変化や

揺れを十分に扱っていない点である．田垣［2004］は障害への認識を議論するには，障害への心理的適応に限定せず，生活・人生の中での障害の意味や社会の中での障害への意味付けなどを含めて検討する必要があると指摘する．

　第3に価値転換論と段階理論が結びつくことにより，障害受容を障害者の自然な過程と見なし，リハビリテーション職による障害者への押し付けにつながりやすい点や，「うつ」などの症状への対応が不十分となりやすい点である．第4に，障害による困難の克服を障害者本人のみに求めており，社会が障害者に与える苦しみを見逃している点である．南雲［2002］は障害受容論が障害による困難の克服を障害者本人のみに求めており，社会が障害者に与える苦しみを見逃している点および障害を受容することが望ましいというリハビリテーション職による障害者への押し付けになっている点を批判する．

　障害受容論は，受傷時期が明確にわかり，症状が進行しない脊髄損傷のリハビリテーション場面を扱うことで，時間的，空間的に限定された障害者の障害認識に焦点を当ててきたが，障害者の社会参加が進み，地域で生活する重度障害者が増加するなかで，障害認識についても長期的・社会的な視点の必要性が増している．そのために4点目の批判について南雲［2002］が主張する「社会受容」の議論を検討する．南雲は障害を負うことによる心の苦しみには，障害自体が障害者に与えるものと，障害者に対する他者の態度が障害者に与えるものの2つが存在し，障害受容論は後者を見逃していると批判する．そしてアイデンティティの視点を導入し，障害受容を社会が障害者を受け入れる「社会受容」と障害者が障害のために変化した諸条件を心から受け入れる「自己受容」が必要であるとする．

　まず「自己受容」について，南雲は障害受容論において障害を受容す

る自己は不変であるとされている点を批判する．脊髄損傷者などの中途障害者は障害を負う前と受傷後では自己の連続性が断ち切られ，自己の改変が生じる．その改変された自己はまだ定義されていない新しい自己であり，障害を受容する自己はまだ存在しないとする．このような状態を南雲は「自己アイデンティティ障害」と呼び，自己アイデンティティの回復（再形成）が必要であると指摘する［南雲 2002：71-73］．南雲が述べる自己アイデンティティは，エリクソンが「生ける斉一性と連続性との主観的感覚」［Erikson 1968＝1973: 9］と名付けた自我アイデンティティとみなすことができる［南雲 2002：91-92］．次に「社会受容」について，南雲はゴフマンのスティグマ概念に着目する．1章でも記載したように，ゴフマンは「ある型の人がどうあるべきかについてわれわれがもっているステレオタイプと不調和な属性」［Goffman 1963＝1970: 12］で，それを有している人の信頼を失わせるような属性をスティグマとしたうえで，身体障害をその例として挙げる．スティグマとしての障害により障害者は否定的な社会的アイデンティティを付与され，社会は障害者個人を集合的なカテゴリーとしての「障害者」として扱い，障害者個人に対してもそのように振舞うよう求める．そして，障害者としての社会的アイデンティティはその人が有している他の社会的アイデンティ（職業や所属などの属性）を凌駕して個人を束縛する．

　南雲［2002］は，人は障害者となることで自己アイデンティティの改変と社会的アイデンティティの改変の両方に直面するとする．そして，障害者が自己アイデンティティの再形成を行い社会参加を行う上で，同じ社会的アイデンティティを共有する障害者同士の自助組織によるピアサポートに着目する．自助組織は障害をスティグマ化する社会的価値観に汚染されないため，障害者を受け入れてその自我アイデンティティの再形成を支援し，社会参加の拠点となることができるとする．

以上のような南雲の「社会受容論」は，スティグマという障害をめぐる人々の態度や価値観に対する社会環境の影響を重視する点において，「障害の社会モデル」内の障害の非制度的位相に接近するものといえる．また，リハビリテーション期間を終えた後の社会生活も視野に入れるものであり，田垣の指摘する「生活・人生の中での障害の意味の検討」にも対応している．しかし，自己の改変の視点からも明らかなように中途障害者を想定した議論であり，幼いころからの障害者の障害のある身体への認識には別途検証が必要と言える．また，ピアサポートを経て，再形成された自己アイデンティティが既存の社会の中でどのような位置を占めるかについても検討が必要である．

第2節　2人の重度脳性マヒ者へのインタビュー調査

　本章では出生前後に生じる障害である脳性マヒ[1)]の障害者のこれまでのライフストーリーについての語りを紹介し，ライフストーリーの中での障害についての考え方の変化を分析する[2)]．2章では，障害者運動の中で見出されるアイデンティティ像を検討したが，本章では障害者個人のライフストーリーの中に見出されるアイデンティティ像を検討する．

　これから紹介する2人の重度脳性マヒ者XさんとYさんの語りは，筆者による約10年間にわたるインタビューの内容を再構成したものである[3)]．

　インタビューが行われた2003年から2015年にかけて，筆者はXさん，Yさんとはインタビュー調査以外の個人的な関わりをもっている[4)]．Xさんとは，大学院生時代に自立生活センターでアルバイトをしていた際に知り合い，最初のインタビューをさせていただいた．その後，Xさんから誘われる形で2005年からXさんの介助を始め，2016年まで続けた．土

曜日の夜の7時から日曜日の朝9時までという時間帯が多かった．介助者として関わった期間は10年間で，東京から転居してからは年末年始の介助に入ることが数年続いた．Yさんへは，ケーキを路上で売っている障害者がいるという話を聞いたことがきっかけで最初のインタビューを行った．その後，5章で紹介する「水俣世田谷交流実行委員会」というグループに参加した際に，そのグループにYさんも参加しており，そこで2週間に1回くらい顔を合わせる関係が5年ほど続いた．

第3節　Xさんのライフストーリー

1　健常者に近い意識だった幼少期

Xさんは脳性マヒの男性で，後の二次障害の影響もあり，上肢下肢とも不全である．日常生活に全面的介助を必要とし，24時間介助者とともに生活している．発生発語障害（以下，構音障害）があり，声がかすれがちのため，慣れないと聞き取りにくい．移動の際には介助用手動車いすを用いている．

Xさんは1948年に中国地方で生まれた．近くに養護学校（現特別支援学校）がなかったこともあり，家族が通学中，授業中などすべての時間を通して側にいることを条件に普通学校への入学を許可されている．そのため，主に母親が毎日一緒に通学して，一緒に帰る毎日が小学校6年間まで続いた．幼少期に家族と暮らしていたXさんは，当時は自分自身の障害について認識しておらず，障害者ではなく健常者に近い意識であったと語る．

　　少なくとも20歳くらいまでは完全に僕は障害者だっていう，いろんな意味での意識っていうのはなかったと思います．健常者意識だったような

気がします．（2015年7月19日）

　小さいときから同じ年代の連中とは結構遊んでたっていうのがあって．
僕自身意識的には健常者に近かったなっていうのはあるんですけど．ま
わりもそんなに違和感なく受け入れていたとは思うんですけど．母親が
ずっと付き添っていたといのがあってよくも悪くも防波堤になってい
たっていうところあったと思います．（2015年7月19日）

　Xさんは障害を意識しなかった理由として，家族が防波堤になること
で，周囲の健常者とのやり取りの中で否定的に扱われたり，否定的な視
線を受けたりするという経験をせずに済んだことを挙げている．

2　入所施設での差別経験

　Xさんは中学校2年生の時，教室が2階になったため中学校への通学
を断念している．当時のXさんにとって教室のある2階にあがることが
できないことは，バリアフリー環境の問題ではなく，自力で階段をあが
ることができないXさん個人の問題であった．そのため自分が障害者で
あると意識することにはならなかったという．その後，Xさんは14歳か
ら外出せず，家の中にいる生活を過ごす．そして，25歳の時に，専門的
なリハビリテーションを受ける目的で7カ月ほど，家から離れた施設に
入所する．

　25歳だったんで，これから生きる道を決めなきゃいけなきゃいけないよ
うなことで，まあもうちょっと体が動けるようになったらなあ，リハビ
リテーションができたらなあ，ということがあって．まあ入ってみるか
ということで入りました．（2007年9月6日）

　その施設で初めて，Xさんは自分と同じような身体状態にある障害者

と出会う．そして，施設の中で，自分を含めた入所者の人々が，健常者ならされることがない，プライバシーを侵害されたり，活動を制限されたりしている環境に置かれていることを知る．

> 2ヶ月ぐらいたったとき，急に10人部屋になっちゃって．プライバシーも何もあったもんじゃない．電動のひらがなタイプ，今のワープロの前身みたいなものを買ってもらったんで，手紙を打ってたら，寮母が何書いてるのって覗き込むという状況があったもんなんで，まともな手紙もかけやしないっていう．（2007年9月6日）

Xさんは，プライバシーの侵害や活動の制限が，たまたま入所した施設固有の問題ではなく，差別という社会的現実，すなわち社会の障害者全般に対する社会の側の処遇として行われていると考えるようになっている．このような施設経験から，Xさんは生活の場所として施設ではなく地域を意識するようになる．

> 施設に入ったとき，みんなが差別を受けていて，これが障害者に対する社会の現実だと思った．外出もできない，生活の管理を施設の側に奪われている．施設の中で障害者は抑圧される側だと分かった．（2015年7月19日）

3　地域活動で障害のある身体をさらけだす

母親が病気になり，父親が高齢で介護が困難なこともあり，30歳の時Xさんは両親と上京する．そこでXさんはボランティア活動を中心とした地域活動に積極的に参加する．

> いろいろなことで××会を知って，地域運動を重点的にやっているっていうことで，施設にいたときの立場とまるで正反対なことをやろうとし

ているのかなあということで，のめりこんでしまったわけで．いろいろな人が住んでいる中で，たまたま障害をもつたXが同じところに住んでいるということを目指して活動している．（2007年9月6日）

　この地域活動の中で，Xさんへの障害への認識の転換点となったのが，演劇ワークショップへの参加であった．プロの劇団が地域で公演を行う際に，地元で作った実行委員会にXさんも参加した．Xさんが障害者の生活経験を演劇にすることを提案し，実行委員会で演劇ワークショップを企画した．そして，同じ重度障害者のメンバーと一緒に公園で劇を上演した．この活動の中で，Xさんは障害のある自分の身体を積極的に観客に見せる．

　　演劇ワークショップに関わったのは大きかった．自分をさらけ出さないといけないし，帰ってくるものも含めて受け止めざるを得ない．これが俺の総てなんだから，逆に目を開けてみろよ，このやろう．（2015年9月22日）

　Xさんは，以下のように語りながら，自分の体を地域住民に見せていくことが，地域で生活することとつながっていると感じている．

　　もちろんいろんな人たちに見られるの嫌だけど，それを超えて見せていかないと，いつまでたっても特殊な人だけで終わってしまうところがあるのね．○○丁目の△△の場所に住んでいるXではなく，障害者で車いすを押されている特別な人のXで終わってしまうのね．それが僕としては絶対嫌だ．（2007年9月24日）

　現在のXさんは，自分の体が健常者の体と異なること，それゆえ周囲の注意を惹くことを意識しているが，それを含めて自分らしさであると

受け止めている.

　　（身体の障害で隠そうとする部分は，との質問に対して）ないよ．全身動か
　　ないし，顔はアテトーゼだし．小さい頃，子どもたちからからかわれて
　　いた時期もあった．今でももの珍しそうに見られることがある．電車の
　　中で，小さな女の子がゲラゲラ笑い始めて，面白いとか言われて．悪気
　　があって言っているわけじゃない．普通の親は怒るじゃないですか．親
　　も自然な顔で笑っていた．素直にそう言ってくれて逆にうれしかった．
　　自然なコミュニケーションができた．（2015年9月22日）

4　二次障害の発症によるショック

　その後，Xさんは39歳の時に母親の怪我をきっかけに学生や地域住民
の協力による24時間介助体制を組み，自立生活を本格的に始めた.

　　昼間は××が朝の10時から夜の5時か6時までは，トイレや食事介助は，
　　八百屋やっていたから一緒にやってくれて．夜はお袋が元気なうちはお
　　袋がやってくれていたから．そのお袋が12月28日にベッドから落っこち
　　ちゃって．肋骨3本折って緊急入院して．それで急遽，夜の介助を24時
　　間入れるようになったわけですよ．（2007年9月6日）

　そして，47歳の時に二次障害による頸椎症を発症し，尿道カテーテル
を使用するようになった．この点については，Xさんは幼いころからの
障害とは別の感覚を体験している．Xさんにとって二次障害は，できな
くなる経験であり，そのことをショックだったと語っている.

　　ある日，急におしっこが出なくなっちゃって．△△病院に行ったら，膀
　　胱に穴を開けて．完全に下半身の感覚がなくなって．上半身も，右手は
　　ほとんど感覚がないんだけど，（2005年4月10日）

１番ショックだったのは感覚がなくなった時．何をされてもいたくないという特典はあるけど，下半身と両手の感覚がない，そこには多少の戸惑いはあったけど，これも現実問題だからどうしようもない．（2015年9月22日）

第4節　Yさんのライフストーリー

1　障害者であることを意識しなかった幼少期

　Yさんは脳性マヒの男性で日常生活の多くに介助を必要とする．ただし，移動は電動車いすを自分で操作して比較的自由に行動できている．構音障害があり，発話は聞き取りにくい．

　Yさんは1959年に東京都に生まれた．養護学校（現特別支援学校）に高等部まで通っている．Xさんと同様にYさんも幼少期は，家族が健常者との関わりを遮ることで，健常者からの否定的な反応に触れることがなかったため，障害者であることを意識しなかったと語っている．

　　表で，子どもから，歩けないことで大きな赤ちゃんと言われれば，全然違う．自分を否定されていると感じる．周りとぶつからないと，自分を否定されている存在だとはわからない．小さい頃は家族で動いているから，そう言われてもその頃は「気にしないでいるのよ」，と言われて．「YはYなんだからね」と言われて．兄貴なんかは俺を隠しながら歩く．（2015年11月1日さん）

　ただ，Yさんは家族とのやり取りの中で，構音障害のために自分の発話が聞き取りにくいこと，そのため自分が話すことが家族に戸惑いをもたらすことを意識してしていたという．そのためYさんは家族の前ではあまり話さなかったとも語っている．

子供のころからあんまりしゃべらなくて，ニコニコ笑っていた．話すことがわからなかってっていうのもあるし，自分がしゃべると言語障害⁶⁾があるから周りから注目されてY，どうしたと．冗談を軽く言ったつもりでも，どうしたのと言われて，なんだそんなことかと言われて．（2015年11月1日）

2 鏡を見て障害者であることに気づく

そうしたYさんが自分の体が他の健常者の体と違うことに気づいたのは，高校時代のときである．Yさんの頭の中では自分の身体はほかの健常者と大きく変わらず，おしゃれで洗練された格好で行動しているつもりであった．しかし，Yさんは街なかで鏡を見ることで，自分の抱いていた頭の中のイメージと実際の自分の身体が異なることを知った．Yさんは健常者の身体と自分の身体を比較することで，健常者とは違う自分を意識するようになる．

大きな鏡があって，かっこいいシャツを着て，決めてきたつもりだったんだけど．ぱっと大きな鏡を見たら，顔が歪んでいるし，頭は横を向いているし，手足は突っ張っているし，何だこりゃと思って，その前を動けなかった．それまではかっこよく決めて，健全者と同じなんだと思っていて，パッと見たらまるっきりと違う．あれにはびっくりした．健全者とはまるっきり違う．（2015年11月1日）

しかし，Yさんは以下のように，その時は障害者だとは思っていなかったとも語っている．

そのときはそれで終わっちゃうんだよね．障害を受け止めたかどうかは別．障害者だと思うことは，他人と違うと思う事じゃん．そういう意味

第3章　重度障害者の障害認識とその変容　*59*

では思っていなかった．（2015年11月1日）

　Yさんが，障害者であることを明確に意識するようになったのは，自分よりも構音障害が重く，言葉を発することができないため，「あ，か，さ，た，な」と50音を周囲の人が読み上げ，ウインクの合図で文字を決める方法で会話をする障害者Zさん出会ったことにある．Yさんは以下のように述べ，構音障害の重いZさんと会話をするのを面倒に感じている自分を知ることを通して，自分と話すのを面倒に感じる健常者の視点を理解している．

　　自分で健全者になりたいという思いがあるって，わかったのはZと出会ったころなんだよね．Zと話すと時間がかかるじゃん．特に俺がやるわけだから．▲▲（作業所）にも行って，他の障害者と話すけど，なかなかわからなくて．会話にもならないし．その時に職員と話したがっている俺がいるんだよね．そういうことを誰かと話していて，ああ障害者と話すのめんどうくさいんだとか思って．健全者の人たちが俺と話すのも，ああいう感じでめんどうくさいんだとか思って．（2015年11月1日）

3　作業所と障害者運動から離れる

　Yさんは高校卒業後，作業所に通う．一人前の給料を得たいと考えていたYさんにとって作業所の待遇は満足の得られるものではなく，作業自体も能力的に難しいと感じた．そのため作業所を1年で辞めている．

　　今の作業所とは全然違って．今は作業所と言ってもいろいろあるけど．当時はできないことを無理やりやったという感じ．職員の人の対応も上から目線．介助を頼んでも嫌な顔で．自分ではあっていない．こういうところでやっていたら体を壊す．1か月の工賃が1,000円．10,000円だっ

たらまだわかるけど.（2012年10月20日）

　他方でYさんは高校卒業後，地域の障害者運動にも参加するようになり，それがきっかけで親元を離れアパートで介助者による介助を受けながら，自立生活を始めている．運動についてYさんは，以下のように振り返っている．

　　障害者グループと関わっていて．その中でなんかやっている気になっていただけで．そのグループの中で，一応一番若いので．周りは養護学校の先輩ばかり．兄弟みたいな感じ．僕自身は先輩たちの物まねをしている感じだった．これをやればいいんじゃないか，やっていることをつくるための運動．（2012年10月20日）

　Yさんにとって，地域の障害者運動は，主体的に参加したというよりは形式的に属していたものであり，Yさんの生活の実態や実感とは結び付かないものであった．

　　運動自体は絶対必要なことだと思うけど，自分がどうやって生きるんだということをあんまり考えないで生活を始めてしまった．……社会がおかしいとか，差別があることは体で感じてやから．だから運動もやってたというのもあるけど．自分の中身がなければ，他の障害者に出て来いといえない．（2007年10月2日）

4　カレーやケーキの路上販売で自信をつける

　Yさんは30代で，ライブハウスでの料理の販売を皮切りに，車いすでのカレーの路上販売を始めた．そして，53歳でカレーとケーキをメインとするカフェを開店した．障害者運動の関りに行き詰まりを感じていたころ，Yさんは障害者運動とは関わりのない友人から怒られた．

いろんな友達からも怒られながら．「Y，お前何をやりたいんだよ」と言われながら．そのころ一人暮らしをしていて，自分で料理の作り方を考えて介助者に作ってもらうやり方をしていた．そのころはカレーが好きなので，カレーをやりたい．今はケーキだけど，カレーから始めようと．（2007年10月2日）

　Yさんがカレーの路上販売を選択したのは，子どものころから料理が好きだったからである．路上販売を始める前にも，自分の体で調理をすることができないYさんは味見をしながら，介助者に具体的な指示を出し，工夫して料理を作っていた．その方法を用いながら，カレーやケーキをつくり，電動車いすの後部に積み込み，路上販売を始めた．路上販売をする中で，Yさんは障害への認識を変化させている．
　先に記載したように，構音障害のため自分が話すことが周囲に戸惑いをもたらすことを認識していたYさんは，周囲の人に自分の声を聞かれたくないと考えていた．

　　自分の言語障害のコンプレックスがある．「言葉がわかるまで聞け」と言うけど隠したい，できるだけ自分の言葉が聞かれたくない（2012年10月20日）

　　お客さんが話しかけても黙っていたり，自分から話しかけようとしないとか．呼び込みもしないし．ただ待っているだけ．友達から「お前何やっているんだよ．なんで黙っているんだよ．お殿様じゃないんだから，自分から呼びこまなければ誰も食わねえよ．」って言われた．（2012年10月20日）

　しかし，カレーやケーキを販売する中で徐々に自分の声を出すようになっている．そして言葉を理解してもらえた時に，喜びを感じている．

自信を持っていうと分かっちゃう．わからない人も多いけど．……まったく障害者と付き合いのない人も声をかけてきて，話せばわかりますねとか，言ってくれる時は，最高ですね．やっていてよかった．（2012年10月20日）

　また，Yさんは先に記載した障害者運動に参加したときと比較して，カレーやケーキの販売をしている現在は，自分自身に自信を持てると感じている．さらに，そうした自分の生活は，理念的なものではなく中身をともなったものであり，他人にその魅力を具体的に伝えられると述べる．

　本当にお店を作ってこう生活できるよ，みたいなものが僕の中身だし．障害者の人たちだけじゃなくて，周りの人たちにもこうやって生活してますと胸を張って答えられるし．うまいものを作れば，役に立つっていうか，別に障害があるから役に立たなければだめじゃなくて，こっちから伝えられる中身を作っていくしかないんだけど．（2007年10月2日）

第5節　2人のライフストーリーからみえてくる障害への認識とその変化

1　障害への認識とその変化

　Xさん，Yさんとも幼少期は障害者であることを意識していなかった．それは家族が防波堤となり，周囲の人との接触や視線をさえぎったためであった．実際，Xさんは脳性マヒについては最初意識していなかったが，後の二次障害の際は，すぐに戸惑いを感じている．Xさん，Yさんの自己の障害への気づきと障害への認識の変化は以下のような過程が存在した．また障害は個人の身体レベルのものと社会レベルのものに分か

れて認識されていた.

　第1は，鏡を見て驚いたとYさんが述べているような，自己と健常者の身体を比較した結果として，自己の身体が健常者と異なることへの気づきである．これは個人の身体レベルの気づきといえる.

　第2は，障害により周囲の人との円滑なやり取りが阻害されることで周囲の人が戸惑いを感じていること，自分がそうした存在であることへの気づきである．Yさんは自分と同じように構音障害のあるZさんと話すのを面倒に感じている自分への気づきから，健常者が自分と話すのも面倒に感じていると認識している．この結果, Yさんは，障害をネガティブな身体的特徴と認識し，話さないことで障害を隠すようになっている．これは相互行為に関係した社会レベルの気づきといえる.

　第3は，障害者として集団的にカテゴリー化されるスティグマとして障害への気づきである．Xさんは施設で障害者が集められ劣悪な処遇を受けていることを知る．Yさんは作業所で障害者が集められ，低賃金で能力に合わない作業をしていることを知る．こうした経験からXさんとYさんは，特定の身体的特徴，すなわち障害を有する人々が，障害者という1つのカテゴリーでまとめられ，特定の場所で二級市民として処遇されることに気づく．これは社会的処遇に関係した社会レベルの気づきといえる.

　第4は，個人の身体的特徴の1つとしての障害への気づきである．Xさん，Yさんは，障害のある身体を隠すのをやめ，他者に積極的に開示している．障害を開示する行為は，「これが俺の総て」というXさんの発言にあるように，障害を自己の身体的特徴であるとする認識とみなすことができ，個人の身体レベルの気づきといえる．他者に身体を開示するに至る変化は，Xさん，Yさんの生活様式の変更と関係している．Xさんは施設を出て，地域で演劇活動に参加している．Yさんは作業所を

辞め，障害者運動を離れ，個人として路上販売を始めている．すなわち障害者集団の中での生活や活動から障害者個人としての生活へ移行する中で，障害のある身体を開示するという行為が生成している．

第3の認識では障害が1つの社会的アイデンティティとして機能している．障害は，個人を障害者として集団的にカテゴリー化し，二級市民としての地位を割り当てるスティグマとして認識されている．そして，スティグマとしての障害は，他の地位や属性（社会的アイデンティティ）に優越し，それらを無視させる．

第4の認識による障害のある身体を他者に積極的に開示する行為は，障害により個人の障害以外の地位や属性が無視されることに対抗する行為といえる．それはXさんが「たまたま障害をもったXが同じところに住んでいる」ことにこだわるように障害者であると同時に，地域の住民であることや路上販売人であることのような，障害者であっても一人ひとり，職業やライフスタイルを有する存在としての社会的アイデンティティを提示するものである．さらに，第4の認識における障害を自己の身体的特徴であるとする認識は，自分の身体の思い通りにならない部分，すなわち「身体の他者性」を含む身体全体が自己を構成するものであるとする自我アイデンティティの形成につながる．したがって，2章で提示した「身体的存在としてのアイデンティティ」の形成の具体的なあり様を示すものである．

2　障害受容論からアイデンティティ論へ

従来の障害受容論の段階理論は主に中途障害者の受傷後のリハビリテーション期間での心理的過程に注目してきた．本章で紹介した出生前後からの障害者（脳性マヒ者）の障害への認識は地域生活の中で長期間にわたり変化していた．中途障害者の場合は受傷前後に身体的条件が大き

く変化するため，障害を自己の時間的変化として認識しやすいのに対して，出生前後からの障害者の場合は健常者の身体と自己の身体の比較として障害を認識することが推察された．さらに，障害を個人レベルのみならず周囲の人との相互行為や社会的処遇といった社会レベルでも認識しており，スティグマとしての障害といった障害の社会的側面の重要性も確認された．したがって，障害への認識と変容を検討する上では，社会的アイデンティティの視点を導入し，スティグマとしての障害が障害者個人の障害認識に与える影響とそれへの反応を検討することが有用である．

　障害受容論の価値転換論では，転換後に獲得される価値観として「障害の与える影響の制限」と「身体の外観を従属的なものとすること」が示されてる．価値転換論の前提には，自己と障害を切り離す思考がある．そして障害を自己の外側にあるものとして対象化して認識し，障害が自己にもたらす制約を低くみなすことに主眼がある．しかし，本章で紹介した出生前後からの障害者の事例では，最初は障害を認識しないほど，また現在は障害を自己の一部と認識しており，障害と自己が密接に結びついていた．したがって，「身体の他者性」としての障害を自己の一部とするような自我アイデンティティの視点を導入することが有用である．

　本章で紹介した２名とも障害者を集合的にカテゴリー化するようなスティグマとして現れる社会レベルの障害と，個人の身体に現れる個人レベルの障害を分けて認識していた．

　これまでスティグマとしての障害についての議論は蓄積されてきたが，身体と結びついた自我アイデンティティとしての障害やそれと社会的アイデンティティの関係については十分に議論されてこなかった．両者とも前者のスティグマの結果付与される社会的アイデンティティを拒

否し，後者の障害を自己の一部とみなす自我アイデンティティを受け入れている．

Xさん，Yさんは地域の演劇活動や路上販売を通した健常者との関わりの中で認識を転換させている．従来の研究では障害に対する肯定的な意識変化には同じ障害者同士でつくられる自助組織によるピアサポートが有効に機能するとされてきた．しかし，健常者という外部との相互作用のない自助組織内での意識変化は既存の社会的価値観を見えなくし，外部と軋轢を生む危険性がある．地域活動の中で成立する障害への認識は自助組織内での意識変化を現実の社会生活に定着させるものといえる．Xさん，Yさんは障害を自己の身体的特徴とみなす自我アイデンティティを形成しているが，それは「障害者で車いすを押されている特別な人ではない」，「お店を作って生活できる」という自覚と結びついている．自我アイデンティティの形成は，障害者であると同時に地域の生活者であるという新たな社会的アイデンティティの確立と関連しており，両者に何らかの相互作用があると推察される．

第6節　ま　と　め

幼いころからの障害者は，障害を他者の身体との比較の中で認識しやすく，その変化は長期間にわたることが示唆された．また個人の身体レベルに加えて，対人関係，社会的処遇といった社会レベルで障害を認識しており，障害の社会的側面の重要性がしめされた．

従来の障害受容論は障害を自己と切り離して対象化することで，障害による制約を低く評価するよう価値の転換を促してきた．しかし，出生前後からの障害者の場合は障害と自己が密接に結びついていた．同時に障害はスティグマとしての社会的アイデンティティを生成させていた．

したがって，幼いころからの障害者の障害への認識を検討する際には長期間にわたる障害者本人の社会的アイデンティティと自我アイデンティティの確立と変容のプロセスの視点を導入すべきである．本事例ではスティグマとして現れる社会レベルの障害は拒否され，個人の身体レベルの障害は受容されており，前者の社会的アイデンティティを拒否しつつ，後者の自我アイデンティティを形成する可能性が示唆された．

　今後，障害を個人の身体に現れる制約としてのみではなく，スティグマとして現れる社会レベルと身体に現れる個人レベルの2つの面から理解することが重要である．そして，この章では障害者の障害への認識とアイデンティティを論じてきた．しかし，障害者だけが障害への認識やアイデンティティを問われ，健常者は不問に付される非対称構造のままでは，障害をスティグマ化する社会的価値観を変化させることは困難である．Yさんは，他の障害者と話すのを「めんどくさい」と感じている自分に気づくことによって，障害者を否定的に扱う自分の価値観と向き合っている．同じように，健常者も障害者と出会い，「めんどくさい」と感じる体験と向き合うことにより，自らの障害観に気づくことができると推察される．

注
1）　脳性マヒの定義には1968年の厚生省脳性麻痺研究班による「受胎から生後4週以内の新生児までの間に生じた，脳の非進行性病変に基づく，永続的な，しかし変化しうる運動および姿勢の異常」が用いられることが多い［日本リハビリテーション医学会 2014］．
2）　分析に当たってはライフストーリー研究の方法論を採用した．やまだはライフストーリー研究を「日常生活で人々がライフ（人生，生活，生）を生きていく過程，その経験を物語る行為と，語られた物語についての研究」［やまだ 2000：146-147］としたうえで，語られた物語の真偽ではなく，物語の中で複数の出来事がそのように関連付けられて語られているかを分析し，出来

事の意味連関を問うものとする．障害者の障害認識を明らかにするうえで，客観的な現象ではなく，生活の中でさまざまな意味をともなう主観的な経験として分析することが重要であり，そのためにはライフストーリー研究の方法論が適している．

3) Xさんへのインタビューは2003年7月18日，2005年4月10日，2007年2月5日，2007年9月6日，2015年9月22日にいずれもXさんの自宅で行われた．このうち，2007年2月5日のインタビューは，Xさんの希望でXさんが他の脳性マヒ者と筆者に自身のライフストーリーを語ることを目的に行われたものであり，Xさんと筆者のほか，2名の脳性マヒ者が同席している．

Yさんへのインタビューは2007年10月2日（自宅），2010年11月23日（喫茶店），2012年10月20日（自宅），2015年11月1日（会議室）に行われた．このうち，2012年10月10日の聞き取りは，もう1名の調査者がYさんの就労経験を聞く目的で実施され，筆者も同席してYさんへの質問も行う形式で実施された．この時のインタビューの内容はビデオで録音し，その後文字起こしをした．

それぞれのインタビューは個別にさまざまな目的で実施しており，直接的に障害への認識やライフストーリーを聞いたもののみではない．多くのインタビューは，予め決められた設問を尋ねたほかはXさん，Yさんが話したいことを自由に話す「半構造化インタビュー」の方法を用いている．

インタビューの際には原則録音はしておらず，話された内容をメモし，後日その内容についてXさん，Yさんに確認をした．1回のインタビュー時間はおおよそ2時間程度である．

4) Xさん，Yさんに10年以上継続してインタビューを行ったこと，調査以外に継続的な関わりをもったことで，言語化しにくい障害への認識について2人にさまざまな角度から話してもらうことができた．しかし，Xさん，Yさんと筆者の距離が近づいたことで，Xさん，Yさんが筆者の関心に近いことに注意しながら話す，筆者がXさん，Yさんの話を好意的に解釈するなど，結果の客観性を損なう危険性も生じる．この章では，複数の聞き手を交えたインタビュー，インタビューから一定時間を経たのちの分析，などの方法を用いることにより一定程度の客観性を持たせるよう試みた．

5) （ ）内は聞き取りの日時を表す．以下同様．

6) 構音障害のことを指す．

第4章　障害者介助の社会化と介助関係

　この章では，障害者介助の社会化の契機となった支援費制度が始まっ
た2003年をメルクマールとしつつ，2000年代初頭の障害者と介助者の介
助行為と介助関係への意識を分析する．そして，介助関係を通じた障害
者と健常者の相互理解の可能性を考える．

第1節　障害者の自立生活と介助の社会化

　従来，リハビリテーション分野を中心に自分の身の回りのこと（日常
生活動作）を自分でできる「身辺自立」や自分の生活費を自分で稼ぐこ
とができる「経済的自立」が障害者にとって目標とするべき自立である
とされてきた．しかし1980年代以降，障害者の自立生活理念と呼ばれる
自立観が提唱され，障害福祉分野などで普及している．障害者の自立生
活理念は，障害者が人生や生活を自らの責任で選択する「自己決定権の
行使」を障害者の自立の中核に据え，自己決定権を行使しながら障害者
が地域の中で生活することを障害者の自立生活とする．

　このような自立生活理念は2つの側面から障害者介助を規定する．第
1に国民が等しく社会生活を営む権利を有する立場から，介助がなけれ
ば社会生活が困難な障害者にとって必要となる介助の受給することは社
会的権利であるとする．つまり介助は行政が障害者に保障するべき権利
であるとされる．第2に障害者の自己決定を尊重し，サービス提供者で

はなく障害者がサービスを評価，管理，指導すべきであるとする［北野 1993］．しばしば用いられてきた「手足」という言葉に象徴されるように自立生活理念は介助者を「障害者の自己決定に基づく指示を遂行する」障害者の身体の延長として，介助行為を障害者の自立生活を実現するための手段として位置づける[3]．

　地域で生活する要介護者の介護人を家族に限定せず幅広く社会全体から集め，その費用を公的資金で賄う「介護の社会化」は，介護保険以降の福祉施策の中で大きな位置を占めている．高齢者介護の社会化の展開が主に家族による負担の緩和を契機としている．それに対して障害者介助の社会化の展開は1970年代より施設や家族を離れて地域で生活を開始した，重度肢体不自由者を中心とした障害者たちによる自立生活運動と呼ばれる運動とそうした人々の生活をその契機に含んでいる．そのため，障害者介助の社会化の議論はこれまでこうした障害者の運動や生活の中で蓄積されてきている．

　その第1は先の自立生活理念が規定する介助観を現実の形にした介助の社会的労働化論である．介助の社会的労働化論とは，介助を基本的に有償のサービスとして位置づけ，税金等所得の再分配によりその費用を賄い，介助を行った人に対価を支払う論理をさす［立岩 2000］．介助を有償労働化する利点は主に，介助に関わる費用を行政が徴収し，それを介助者に分配することにより社会的権利として障害者に介助が提供される仕組みが可能にする点と，障害者と介助者の間に金銭を介在させることにより，障害者を介助行為の消費者，介助者の雇用者と位置づけることを可能にし，介助場面における障害者の自己決定に基づく指示の遂行を容易にする点にある．

　第2は，障害者介助を健常者の意識変革と障害者・健常者の間の関係変容の契機とする視点である．市野川は「自立生活運動は，家族か，さ

もなくば施設という形をとったケアの社会化か，という二項対立を「脱構築」して，従来の家族に回帰しない新しい親密圏のかたち，同時にまた，施設という形にとらわれない新しい社会圏のかたちを提示した」［市野川 2000：122］と指摘する．施設や親元を離れて地域生活を開始した障害者たちの一部は，健常者を中心とした社会が想定する障害者の生活空間が施設や親元に限定されていることを批判する．さらに，施設や親元での介助関係のあり方としての障害者と介助者の「する／される」という非対称的かつ固定的な関係をも否定した［岡原 1995b］．そして，介助行為を労働としてのみでなく健常者の意識を変革する手段としても位置づけ，行政により介助の公的保障を要求しつつ，介助関係の形成を通じて障害者と健常者の関係を現在の非対称的なものから対等な人間関係へと変容させることを目指した．

　たとえば，自立生活運動の担い手の１つであった全国障害者解放運動連絡会議は，介助の社会化について以下のように主張している．

　　問題は，今まで家族におしつけられ私的なものとされてきた障害者の介護を，社会的に必要な労働として認めさせ，同時にこの介護（労働）を，施設労働者のような一部に限定された特殊化されたものが行うのではなく，地域社会のすべての人が行っていくものとして作り出すことにある．……障害者が暮らしていための物質的基礎は，断固として闘いとりつつ，同時に介護の社会化を含めて健全者ひとりひとりの意識変革の闘いを通して，資本主義の疎外された人間関係までも全面的に変革していく闘いとして闘われなければならないであろう［全国障害者解放運動連絡会議 1977：39］．

　日本での障害介助の社会的労働化は2003年度に始まった支援費制度により大きく進展した．支援費制度による介助は現在の障害者総合支援法

の介護給付につながるものである．後述するように，支援費制度により以下のような変化があった．① 措置制度から契約制度へ移行し，障害者がサービス提供事業者を選択することが可能となった．② それまで各自治体で別々であった障害者向け介助制度が全国的に統一な制度となった．③ 介助に従事する場合には何らかの資格要件が課せられることとなった．当初の移行期間はすでに介助者として従事しているものは有資格者としてみなす仕組みが採用された．現在は居宅介護，重度訪問介護，行動援護などに各サービスに応じて資格が必要となっている［山下 2012；山下 2019］．③ 基本的に資格を有する介助者を事業所が雇用して障害者へ派遣することとなり介助における事業所の役割が強化された．

　以下では，上記のような介助の社会的労働化が進展しつつあった2003年6月から2005年8月にかけて筆者は普段より家族以外の人から介助を受けている障害者と身体又は知的障害者に対して介助経験のある介助者へのインタビュー調査を行った．[4] その結果をもとに，2000年代初頭の障害者と介助者の介助行為と介助関係への考えを紹介する．[5]

第2節　介助行為への意識

1　障害者にとっての介助行為

　介助行為への障害者と介助者の意識をみると，介助行為には介助者が障害者のできないことを補う身体的行為と障害者と介助者の感情が交錯する感情的行為の2つの要素が存在していることがわかる．

　まず障害者の側からみると，障害者にとって介助行為は自らのできないことを補う身体的行為として求められている．障害者にとって身体的行為は生活を維持していくための必要条件となっている．

よかったというか，他人介護を入れなければ生活できない．それはもう
必要条件でよかったとか悪かったとかいうことじゃなくて……．（障害者
mさん）

　さらに，多数の障害者は自己決定による指示に基づき身体的行為が遂
行されることにより「自分らしい生活ができる」・「生活が楽になった」
と感じている．障害者は自らが生活主体となり，その生活を維持し，負
担を軽減することを介助行為の最大の目的としている．
　しかし，障害者は介助行為を身体的行為に特化しているわけではなく，
介助者との感情的行為を意識している．
　第1に，身体的行為に感情的行為が影響を与えている．介助行為にお
いては，「障害者が自己決定に基づき指示を出し，介助者が障害者の身
体の延長としてそれを遂行すること」が必ずしも生じていない．まず，
介助者の技能に関して，多くの障害者は個々の介助者の能力や資質を勘
案して，自己決定内容や指示方法を変えている．身体的行為では決定す
る障害者と遂行する介助者の身体は異なるため，多数の障害者が介助者
の適性に応じて指示内容や指示方法を変更している．したがって，障害
者には介助者の技能を知るために感情的行為が必要となる．また，介助
者の人格が障害者の自己決定に影響を与える．身体的行為は人格をとも
なう介助者に指示を出すものであるため，障害者は個々の介助者の感情
や態度を自己にフィードバックし，介助者に否定的に受け取られる自己
決定の内容を障害者自身が抑制することが生じている．たとえば，障害
者sさんは，個々の介助者の態度に抽象化された社会的な視点を読み取
り，自己決定を変更している．

他人介助者にはわがままを言えない．今すぐ，高島屋に行ってケーキを
食べたいと言ってみても，介助者がえっという顔をしたとき，無茶を言っ

ちゃったなと思う．クールダウンする，客観的にもどるのが早い．家族
だとわがままを通してしまえる．介助者には，どうしてそれが必要なの
かを説明する．まわりの行動とか状況を考えて，可能な要求を冷静に考
えるのが自分らしい生活，行為．思ったまま全部やっていたらわがまま
になってしまう．客観的に言うのが介助者．他人介助の人は社会だから
説明しないといけない．

　身体的行為は感情的行為を経て，単に障害者の欲求を表現するもので
はなく，自制された，合理的なものへと変更されることが多い．

　第2に，介助者を必要とする障害者は身体的行為の介在する場面のみ
でなくその生活全般にわたり恒常的に感情的行為の場におかれる．こう
した恒常的な感情的行為は多くの障害者に「一人の時間が持てない」と
いう負担感をもたらす．

　他方でこうした感情的行為を肯定的に評価する障害者も存在する．多
くの障害者が介助を利用することの充実感として介助者との人間関係か
らもたらされるものを指摘している．

　　いろんな人が自分の世界を広げてくれた．物理的に僕の世界を広げてく
　　れるのを助けるというのもあるが，人と関わることによって世界を広げ
　　られた．（障害者qさん）

　障害者は，個別の介助者との関係ではなく介助関係全体を通じて，多
数の人と関わることによる社会との交流の経験を得ている．介助を必要
とする障害者は，健常者の場合は確保される自らの個人的な生活部分に，
介助者との感情的行為を引き入れざるをえない．

2 介助者にとっての介助行為

　介助者も介助行為を「障害者のできないことを補う」ものと位置付け，多くの場合に障害者の自己決定に基づく指示をそのまま遂行するものと考えている．しかし多くの介助者は，より適切に身体的行為を遂行するためには，障害者の個別の生活様式を理解することと障害者に信頼されることが必要だと考えている．したがって，介助者においては身体的行為と恒常的な感情的行為は密接に繋がっている．

　　医者とか看護婦というのは専門的な立場から考えてその範囲内で規制する．介助の専門性は営業に近い．相手の懐に飛び込む．（介助者ηさん）

　まず，介助者にとって介助行為は常に障害者の意をくむ行為であるが，自らと障害者とは異なる認識を有するがゆえに，常にその行為が意図通り遂行されたかの不確かさが残る．

　　＊＊さんだと，本当に＊＊さんの思っている通りできていないのかなと思うときがある．いまだに，＊＊さんは，終わった後で，外に出るとほんと疲れたなって感じで，気を使いますね．（介助者ιさん）

　そのときに介助者は障害者の認識の理解不可能性を意識し，理解不可能性を解消するために，指示のみでなく障害者の生活様式そのものの理解を試みる．

　また，障害者の生活との関わりにおいて，介助者は身体的行為の介在する場面のみでなく，見守りなど介助行為が介在しない場面においても障害者と時間および同じ空間を共有する．それゆえ介助者は，障害者の状況に応じて自らの役割を変更し，ときに障害者やその周囲の人と感情的行為をする．

　さらに，介助者は身体的行為を通じて障害者の生活様式に働きかける．

身体的行為は，抽象的な身体の機能的欠損の代行に留まらず，障害者の具体的な生活様式に密接に関係するため，相手の生活様式にどこまで関与すべきか躊躇する介助者もいる．

　　＊＊さんの場合は，お金の使い方，何に使うのか，と払い方が難しい．お金の使い方は，日曜日はたいてい買い物に出かけて，写真集とかを買ったり，高いところで外食するので１万円，２万円を一回の外出で使ってしまう．何にお金を使うかはそれぞれ人の価値観だけど，ちょっと使いすぎではないかと．その辺をどこまで言っていいかわからない．（介助者νさん）

　以上のような要因から，介助者は，身体的行為を遂行する過程で，障害者との感情的行為を意識する．恒常的な感情的行為は介助者に充実感や介助を行う動機をもたらしている．まず，介助者は介助を通じて多様な生活様式に触れ，自らの生活様式を相対化し，見つめなおしている．また，介助者は感情的行為を通じて障害者との距離を縮め，障害者と一体感を持つようになる．この一体感は介助者にとって大きな充実感につながっている．

　　介助は，ひとりの人間の人生にお付き合いすることであり，そこには生の人間，裸の人間がいます．そういう濃い関係が私にとっては心地よいものでした．……私が介助を始めた当初（1997年５月），＊＊さんの介助は時給250円くらいでしたから，アルバイトと割り切っていたのではできる仕事ではありませんでした．＊＊さんと飲んだり遊んだりするのが楽しかったから介助に入っていたのが大学１年から２年の頃の感覚です．（介助者μさん）

　しかし，身体的行為と感情的行為の過度の結びつきは，介助者の自律

性を喪失させ，介助者が障害者の生活そのものに巻き込まれる危険性をもたらす．介助者が障害者の困難さを自分の困難さとして受け取り，障害者の状況や生活を自発的に関与しようとすることもある．自発的な関与は十分な改善が実現しない場合には個々の介助者に過剰な負担をもたらす．また併せて，介助者は障害者を無力な存在として見なし，障害者の生活を支配することがある．これは否定的に受け止められているが，生じている．

> 介助者は一生懸命努力すればするほど，共依存という病にかかってしまう．援助をするのは喜びだから自分を忘れてしまう．無意識に障害者をコントロールしてしまう．自分で自分の生活をコントロールできるようになってほしいという想いが強くなってしまう．（介助者 δ さん）

したがって，意識的に感情的行為を制御する必要性も感じられている．

> 距離のとり方．親しくなると家族みたいになるけど最終的には他人．だから距離を置く．何でも相手に言っていいわけではなく，言っていいことといけないことがある．すごい親密になると一時はいい関係になるけど離れるのも早い．（介助者 η さん）

　介助行為は障害者の障害による不利益や活動の制約を軽減し，自立生活を可能にする身体的行為として意識されている．しかし，介助行為は身体的行為のみで完結せず，感情的行為をともなう．さらに感情的行為が一時的なものではなく恒常的なものになりやすい[6]．この感情的行為が介助行為の特質として充実感と負担感を障害者と介助者にもたらしている．

第3節　介助の社会的労働化と介助行為の意味変容

1　家族やボランティアによる介助の弊害

　多くの障害者の介助行為はその初期段階において家族によってなされる．介助の担い手である家族は家族成員への愛情という感情を契機として身体的行為を遂行する．しかしこうした介助行為は，しばしば介助の担い手の都合が優先され，また障害者が担い手に対して負い目を感じることから障害者の自己決定による身体的行為が成り立ちにくいことが指摘されている．

> 母親に対してもこうやってほしいと言っていたが，母親はわかっているといいながら，母親のやり方でやってしまう．自分の生活のために自分の介助者を雇うことによって，介助者に対して言いやすい，遠慮のないのがいい．（障害者Iさん）

　次に，家族や施設のもとを出て地域で生活を始めた障害者たちは，自らの手でビラまき等を通じてボランティアを集める．1970年代から1980年代にかけての障害福祉制度での公的な介助の保障は人的な面でも金銭的な面でも長時間の介助を要する障害者に対しては十分なものではない．行政による介助手当をもとに支払われる介助料は1時間当たり200円に満たない金額である．この時期の介助者の介助をする動機は，善意に基づく扶助意識やその障害者個人への情緒的感情，障害者が地域で生活することへの理念的共感などである．家族の場合と同様に介助の受け手である障害者への感情を契機として身体的行為が遂行される．たとえば，1970年代初頭より障害者の介助を行っているδさんは以下のように述べている．

最初は同情だったが，そのうち＊＊さんを中心とした運動に巻き込まれ
ていった．組織（運動セクト）に関わる活動家にとって，介護は二の次で，
闘争が先にあって，裁判を支援してくれる人が，たまたま＊＊さんが介
護が必要で介護をしていた．……自分も相当程度理論ありきで介助を
やっていた．今までセクトのことを批判してきたけど同じ穴のムジナで
した．

　こうしたボランティア介助者の介助行為に対する弊害として，① 長
時間の介助を要する障害者の介助量を賄いきれないこと，② 身体的行
為に結び付けられた感情的行為が時に煩わしく感じられること，③ 障
害者が介助者に気を使いやすく，結果として障害者の自己決定による身
体的行為が成立しにくいこと，が指摘されている．

　　当時（1980年代）は，60コマ（１日２交替の30日分）をうめるのは非常に
　　きつかった．人間関係論だけだと60コマ埋まらない．……毎晩夜に（介
　　助者を捜すために）電話をしまくっていた．……８人の障害者がS区で自
　　立生活していた．その８人の障害者が介助者の奪い合いをしていた．８
　　人が介助者に来てもらうために自分を卑下して，自分がもっとも重度の
　　障害者であるといっていた．（障害者uさん）

　　（ボランティアの場合は）相手の都合や時間にあわせなくてはいけない．「用
　　事が終わったから帰って」とは言いづらい．……善意でやっておりそれ
　　が煩わしいこともある．大学時代にボランティアが障害を持った友達に
　　美味しいものを食べてもらいたいからと果物をもって来てくれる．こっ
　　ちはおいしいねと言ってしまう．（障害者tさん）

　家族やボランティアと障害者の関係では，介助の担い手の障害者への
直接的な感情を契機として身体的行為が遂行される．介助行為は障害者

と介助の担い手の人間関係の内部で完結し，必要な介助量が充たされにくい．そのため，介助の担い手の感情を契機とした介助行為は介助の担い手と受け手である障害者に非対称に働く．障害者は身体的行為を得るために，常に感情的行為をしなければならない．こうした非対称の関係の中では障害者は身体的行為における自己決定を抑制しやすい．この結果，身体的行為は障害者と介助者の人間関係の内部に位置づけられやすくなり，障害者の生活はその障害者個人が決めるものではなく，障害者と介助の担い手の両者が共同的に決めるものになりやすい．

2 労働化にともなう介助行為の意味変容

次に介助の社会的労働化の過程を介助料の上昇と介助システムの変容から把握する．

（1）介助料の上昇

介助者に支給される介助料は，1990年以前には1時間当たり200円に満たないが，2004年には事業所と非常勤契約の場合では1時間あたり1200円前後，事業所に常勤雇用される場合では，一般常勤職より若干低い程度となった．介助料の上昇にともない身体的行為は賃金と交換される労働として認識され，感情的行為から区別される．その結果，障害者は介助者に気兼ねせず，身体的行為に対して自己決定を行使することが可能となる．

> 仕事として私の障害のある部分を補ってくれるから．やってもらうことに気をつかわない．動きや行動にも制限がないので，有償介助はありがたい．（障害者tさん）

また，介助料の上昇および介助を利用する障害者の増加にともない，

介助料を主たる生計の手段とする介助者も増加しつつある．2004年当時の介助者は，介助料を主たる生計の手段とする専業介助者と学生や主婦，他に職を有する人などの非専業介助者に分かれていた．専業介助者やアルバイトとして介助に関わる介助者の増加により障害者の必要とする介助量の安定的供給が可能となりつつあった．

（2）介助システムの変容

　次に介助料の上昇と並行する形で1990年代以降大きな変化のあった介助システムの変容を検討する．障害者と介助者の介助への関わりは介助料と介助体制の管理方式から個人介助システムと派遣介助システムに分けることができる．

　個人介助システムは，介助を必要とする障害者と介助を行うことを希望する健常者が個人間で契約を結ぶ．介助者の募集と研修は障害者により行われる．原則として障害者が介助料を管理し，介助者に直接介助料を支払う．介助体制の管理は障害者より行われ，緊急に介助者が来られなくなった場合の対応は障害者本人が行う．

　派遣介助システムでは事業所が介助者および障害者と契約を結び，障害者のもとに介助者を派遣する．介助料については，障害者個人が事業所に支払い，事業所が手数料を引き介助者に支払う場合と，行政によるホームヘルプ事業の委託を受ける事業所に行政から介助料が支払われ，事業所が必要性に応じて障害者に介助者を派遣しつつ，介助者に給与を支払う場合がある．介助者の募集および研修は事業所の責任において実施される．介助体制は，事業所のコーディネーターが障害者と相談しながら管理する．予定の介助者が緊急に来られなくなった場合は事業所が対応する．

　両介助システムへの障害者と介助者の意識を比較すると，個人介助の

利点として，① 一対一の人間関係を築きやすく，相性が合う人を選択できること，② 介助時間に対して融通が利きやすく，自分の生活に合わせて柔軟に変更できること，があげられている．欠点としては，① 介助者が緊急に休む場合の対応が難しいこと，② 介助者の生活保障が十分になされないこと，③ 介助者の獲得および管理が障害者個人の資質に還元されること，が挙げられている．一部の障害者はこのシステムに，自立生活の意義や地域住民の意識変革等の運動的意味を見出している．派遣介助の利点としては，① 介助料を共同化することにより，障害者および介助者の生活保障がなされること，② 介助時間，介助中の事故に対し事業所が責任を持つため安心感を得られること，③ 事業所が介助者を募集するため，募集が容易なこと，④ 介助料や介助の管理に要する時間を他のことに使えること，があげられている．欠点としては，事業所を通すことにより，① 介助者と障害者の個々の関係が薄くなる，制約されること，② 介助時間等について融通が利かなくなること，③ 事業所に自分のプライベートな生活が見えてしまうこと，があげられている．

　1990年代以前は個人介助システムが主流であったが，1980年代後半以降介助者を共同プールする介助者派遣事業所が登場し，1990年代に派遣介助システムが普及する．さらに支援費制度の導入により，① 介助料の事業所への一括支給，② 介助者の事業所登録の必要性，③ 介助者の公的資格の義務化により，個人介助システムの維持が困難になり，派遣介助システムへの移行が図られ[7]，派遣介助システムが主流となった．こうした介助システムの変容により，介助行為は障害者と介助者の個人間の関係内在的なものから，すべての介助を必要とする障害者に対する社会的に保障された権利へと移行しつつあった．

　以上にみられるように，介助の社会的労働化は，障害者と介助者の個

第4章　障害者介助の社会化と介助関係　　*83*

人間の感情的行為を契機とした関係内在的なものであった身体的行為を，障害者の障害による不利益を解消するための労働として置き換える．その結果，身体的行為は障害者と介助の担い手の関係内在的に供給されるものから，障害者に対する社会的権利として安定的に供給されるものへと変容しつつあった．また介助行為に対して賃金の交換がなされることにより，身体的行為が障害者の自己決定による指示に基づきやすくなっていた．

第4節　介助関係への意識

　現実の介助関係のあり方は個々人によって多様であり，状況に応じて可変的なものであるが，障害者と介助者の介助関係の志向は感情的行為と身体的行為の関係から分析的に，労働関係志向，情緒関係志向，異文化交流関係志向の3つに分けられた．

1　労働関係志向
　労働関係志向には相手の障害者または介助者とのコミュニケーションの範囲を限定し，相性を意識しない関係を求める志向，介助者の役割を障害による制約や不利益を補う手足や黒子の役割とする志向，介助関係を金銭の授受による雇用関係に重きをおく志向などが存在する．これらをまとめ，障害者と介助者が感情的行為を抑制し，障害による活動の制約や不利益を補う身体的行為に介助者の役割を限定する介助関係を期待する志向を労働関係志向とした．

　　　自分の場合はビジネスライクの付き合い．……お互いのプライベートに入り込もうということはあまりない．そういう環境が好きな人が残る．

介助は自分の責任．介助者があのとき何か言ってくれなかったからとか，
　　何かしてくれなかったからと言うのはおかしい．介助者との関係は雇用
　　者と契約者と会社的に捉えている．何かあったら自分が責任をとらない
　　といけない．（障害者sさん）

　感情的行為の抑制により介助者の存在は障害者の身体の延長と位置づ
けられ，極小化される．介助者の身体は障害者の身体の一部となるよう
試みる．

　　黙ってて介助だけやる，相手から何か求められたらやるのが理想．今僕
　　は，一人でこれ（筆者注：パフェ）を食ってますよね．でも障害者の人は
　　介助者が必要なわけで，一人の時と同じ状況を僕は，つくってあげたい
　　と思いますね．黙ってて，居心地が悪いなという時でも黙ってしまう．
　　仕事のときは，居心地とかそういうのは無視して黙っちゃいます．……
　　僕たちも，本来の介助者として誰からもそういう様に思ってもらえれば，
　　誰に対しても同じような仕事ができる．今は，僕たちがあわせていると
　　いうのも感じるし，当事者の人もあわせて部分がある．この人話好きだ
　　から話さなくては．だから，その人本来の本性がでるような介助が必要．
　　（介助者αさん）

　こうした労働関係志向は個々の介助者の性格や特性に影響されない，
障害者個人の独自の生活様式を作り出す．
　介助関係を労働関係と位置づけることで障害者は自らに責任のない障
害については具体的な他者ではなく抽象化された他者，つまり費用を出
す社会に依存しつつ，障害によらない自らの主体性が発揮される部分に
ついては具体的な他者への依存を極小化する．介助を必要とする障害者
が自律した存在として，自らの生活を独自のものとして個人的に所有し

ていくことが可能となる．また，障害者lさんの「介助は自分の責任」という発言に見られるように，介助者も自らの役割を限定することで障害者の生活様式に巻き込まれることを避け，労働者としての自律性を確保できる．

しかし労働関係志向では，介助者による身体的行為が感情的行為と切り離されて提供されるため，抽象化された他者＝費用を出す社会に規格化されやすい側面を持っている．その点に関して，自らの生活が社会に画一化されることを危惧する障害者もいる．

> 介助者は，命を預けるわけで，対価は出す．介助は社会保障だから，介助料は行政が出す．でも，単なるサービスとしてやられると，自分個人の生活がせまっくるしいものになってしまいそうで恐い．おもしろくない．（障害者oさん）

また，労働関係のみでは自己決定に基づく指示が不十分な障害者に十分に対応できないことも指摘されている．

> あなたは，私のいうことを聞いていればいいというようにすると，意思が衰えたとき育てた介助者が何もしない．一緒に何を求めているか，何をやらなくちゃなんないのかという判断が求められている．そういうことがプロとして求められていると私は思います．（障害者mさん）

2 情緒関係志向

情緒関係志向とは，障害者と介助者の間の相性を重視し，双方がリラックスできる関係を求める志向や障害者と介助者の関係が親密な友人に近い関係に重きを置く志向である．これらをまとめて，障害者と介助者が感情的行為を深めることにより日常生活における友人や家族に近い関係

を形成する介助関係を期待する志向を情緒関係志向とした.

　　最初のころは，手足，できないところを補足するというような意識. だ
　んだん気負いみたいなものが消えて，私は私という感じになった. 全人
　格的に，そこにいるという感じ. ……最初のころは，おせっかいはしな
　いように，それは彼女の生活だからと思っていた. だんだん人間関係が
　できてくる. （介助者λさん）

　　自分で望んでいるのは友達の延長線上. 仕事で自分が来ているんだとか，
　これが仕事なんだと意識せずに，友達で困ったやつがいたから助けて
　やったんだという. （障害者vさん）

　情緒関係は生活様式に対する感覚を共有できる「相性」の合う障害者
と介助者により形成される. 介助者は障害者の身体の延長として障害者
の身体と一体化するのではなく，情緒的な結びつきを通して意識レベル
で障害者と一体化する. 情緒関係では身体的行為は感情的行為の中に内
包されることで遂行される. たとえば，「全人格的に」と述べていたλ
さんは以下のように表現している.

　　介助ということ自体に興味を持ちつづけていくのは難しい. ＊＊さんの
　ことが好きで，＊＊さんの介助を続けた. ……やめてしまう人は，介助
　自体の難しさと合わせて相性の問題がある. 相性というのは，……，も
　のごとのペースがあっているとか. １日中一緒にいるので，一緒にいる
　ことが楽な人，気を使わないでいい人がいいかも. ボーっとしていて１
　時間したらそろそろしようかとか，感覚があうことが大事.

　したがって，障害者が障害者の生活を個人的に所有するのではなく，
障害者の生活は障害者と介助者により共同で所有される. この点で，情

緒関係は家族やボランティアなどによる介助の際の介助関係の延長線上にある．しかし，「相性」という言葉に表れるように，感情的行為が対称的かつ選択的になされる点でそれとは異なる．それは第1に身体的行為と賃金の交換が障害者の介助者への負い目や介助者の介助行為への負担感を減少させる．第2に情緒関係とは別に労働関係を選択することが障害者に保障されているためである．

　情緒関係志向を有する障害者や介助者はすべてにおいて，情緒関係を形成しているのではない．まず，介助関係は時間／空間的特性に応じて使い分けられ，特に障害者が介助者と2人のみや家族等とすごす，障害者の私的な生活の時間/空間で情緒関係が形成されている．時間／空間的特性に応じて介助者を使い分ける障害者も存在する．

　　＊＊ちゃんのときは，外に出たら手足で，帰ってくるとき電車の中で二人でキャーキャー騒いだり，一日介助に入ったら，30分ぐらいワーッと馬鹿笑いしたりとか．（障害者rさん）

　　ある時は黒子，ある時は共同生活者．＊＊さんの場合（妻とその介助者の）4人で食事をするので．あるときはお手伝い，家政婦．介助者の役割はすごい使い分けている．個別プログラム（＊＊さんの仕事）の最中とかは一切口をはさまない．（介助者εさん）

　障害者と介助者に共同で所有される生活は，それが特に障害者の私的な生活の時間／空間で望まれていることから示されるように，心理的安心感を障害者にもたらす．

　　家の中は生活の場だから，リラックスできるような場でありたい．外で仕事をしたり，人と会うときは緊張するので，どこかでリラックスできる場がないとしんどい．（障害者lさん）

と指摘されるように，個人的な時間／空間における相性のあう介助者との情緒関係の形成は障害者に心理的充足感をもたらす．また，情緒的関係は個人間の対称的かつ選択的なものであるがゆえに，障害者に自分が介助者に，1人の個人として承認されているという充足感をもたらす．

> いろいろな人と付き合える．いろいろな介助者に自分を認めてもらえる．それが自分にとってはすごい財産になる．（障害者nさん）

　他方で，介助者にも「＊＊さんのことが好きで」と語られているように充足感を提供する．しかし，情緒関係は以下の2つの問題を持っている．1点目は，障害者の生活が共同的に所有されることにより，障害者が独自の生活様式を実現することが困難になる点である．障害者の自己決定を尊重した身体的行為が十分に行われないことが生じる．

> 介助から入っていなくて，バリアフリーの活動から入って，友人関係と似たような感覚を持っていた．サービスの対象，相手としてみていない．満足しているかどうか気にしたことがない．（介助者εさん）

　第2に，情緒関係は障害者と介助者の意識的レベルでの一体化を可能にする相性というの個別性に依存する点である．したがって情緒関係はすべての障害者と介助者に対して普遍的に拡大できるものではなく，個別的かつ自発的なものにならざるを得ない．加えて，意識的レベルの一体化が破綻するとき，介助関係も破綻する危険性がある．

3　異文化交流関係志向

　異文化交流関係志向は ① 相性が合う，合わないに関わらず障害者と介助者がコミュニケーションを深めること，② 介助者が障害者のできないことを補いつつ，対等に向き合うこと，③ 障害者と介助者が補い合うこ

と，④ 介助者が障害者のできないことを補いつつ一緒に考えることに
重きを置く志向をまとめたものである．身体的行為を遂行する中で感情
的行為を深める介助関係を期待する志向を異文化交流関係志向とした．
　異文化交流関係は，身体的行為を遂行する中で，互いが身体的にも意
識的レベルにおいても一体化不可能な1人の障害者と健常者として向き
合うことで形成される．「異文化交流」という言葉を用いて介助関係を
説明する障害者qさんは次のように述べている．

　　障害者と健常者の厳然たる力の差に絶望した裏返しとしての手足という
　　言い方がある．でも，それは障害を受容できていないんだと思う．対等
　　な立場になってしまったとき，健常者に負けてしまうという感覚，対等
　　に価値のある存在としてみられない発想だから．自分は手足としての関
　　係ではなく，健常者と障害者が対等に向き合うことにこだわる．……介
　　助する一されるの関係があって，どうしても健常者の方が強くなってし
　　まう．それが原因で介助者が遠慮してしまうこともある．お互いにわか
　　んなくて当然．話し合っていくしかない．話し合わないとわかんない．
　　障害者と健常者の関係は異文化交流．

　異文化交流関係は，介助者を障害者の身体の延長（手足）として位置
づけることで介助者が障害者の身体との一体化を図るものではない．ま
た，相性の合う理解可能な障害者と介助者が感情的行為を深めることで，
介助者が意識レベルで障害者と一体化を図るものでもない．異文化交流
関係は障害者と介助者の一体化不可能性を前提として感情的行為の中で
双方の理解可能性に漸近するものである．
　介助者が，労働関係や情緒関係から離れて健常者として異文化交流関
係を形成する契機は，障害者の自己決定に基づく指示に対して意識レベ
ルの非同一性を感じ，相手の生活に踏み込む過程にある．労働関係を意

識しながら身体的行為を遂行している介助者ηさんは，相手の生活に踏み込む過程を以下のように語っている．

> いきなりすごい親しくなって，打ち解けてというのはこっちも不安．相手がどっか無理しているのではないかと考えてしまう．自分の場合相性が合わないということはない．とりあえず相手に合わせる．相手の生活スタイルこだわりがあって，自分が違う，効率が悪いと思っても，それを言うと，相手の生活スタイルを否定することになるのでそうしないようにしている．ある程度時間を置いて，相手との信頼関係を作ってから，踏み込んでいく．

また，情緒的関係を形成しながら身体的行為を遂行していた介助者λさんは，相手の生活に踏み込む過程を以下のように語っている．

> 彼女は過食症気味で，食べることでストレスを発散させている面もあった．そのことは自分で自分の首をしめているようなもの．自分の体にも良くないし，介助をする側にとっても体重が重くなることは大変．入れる人が減ってしまう．もうこれ以上食べるのをやめたらというべきかどうか迷ったが，誰かが言わないと，と思って，自分ははっきりと言う方だった．でも，そう言ったり，心の中で思ったりしながら，手では食べ物を彼女の口に運んでしまう．

ηさんとλさんに共通してみられるのは，障害者との間に信頼関係を築き，障害者の自己決定に基づく身体的行為を遂行しつつ相手と異なる自らの考えを表面している点である．異文化交流関係では，介助者は「介助者」と「健常者」の2つの立場から障害者と関わっている．一方で介助者は自らの気持ちに反しながらも障害者の自己決定に基づく身体的行為を遂行することで，一度自分とは異なる相手の固有の生活を肯定する．

それは相手を自分とは異なるが対等な存在と位置づけるでもある。他方で，障害者に自らの意見を表明することにより介助者という立場を越えて1人の健常者として障害者の存在に向き合う。そのとき介助者は1人の健常者として1人の自分とは異なる生活を営む障害者を引き受ける存在に移行する。そして障害者は，身体的行為を遂行しつつ自らの考えを表面する介助者の存在を通じて，介助者という立場を超えた1人の健常者と対等に向き合うことが可能になる。この過程に身体的行為が，障害者と健常者が対等に向き合う感情的行為により共同的に決定されたものへと変更される契機が存在する。これは，介助者という立場から知識に基づく配慮により障害者の生活を評価し，その改善を図る助言や介入とは異なる位相にある。

4 異文化交流関係と障害者の障害への認識

こうした異文化交流関係が常に望まれ，実現されているわけではない。しかし，あえて異文化交流関係を志向する障害者も存在する。こうした障害者たちは先の障害者qさんの語りにみられるように障害者と介助者（健常者）が対等に向き合う異文化交流関係をつくることが，障害者が障害のある身体を引き受け，自分を価値のある存在として認識することとつながるととらえている。このことをより明示的に表しているが，以下の障害者pさんの語りである。

> 障害者として自分がいて，一般的には介助なしには生きられないというのはマイナス要因として捉えられる。現実にはそういう命の姿になっているわけだから，それを現実として引き受けてプラスの方向に転換しないと人間の命として生きているかいがない。個人介助にこだわる積極的な理由というのは，生きているかいがないということ。……手足が動く

やつは，動くことがあたりまえで，その大切さに気づかないであたりま
えのこととしてしまうので，人との違いが気になったり，学歴だったり，
収入だったりにこだわってしまう．介助者に介助をしてもらえることに
よって，してくれる人に少しでもそのことに気づくきっかけになっても
らえればと考えている．具体的には，介助をする・されるの関係なんだ
けど，介助するということは，介助をする側がされる側にイマジネーショ
ン，コミュニケーションをすることが必要になる．そのことでひとつの
命を生かしあえるようなきっかけになればと考えている．

　pさんにとって障害は，自己決定にもとづく介助者の身体的行為によ
り解消されるものではない．障害は，常に介助者による身体的行為を必
要とする他律的な身体という形で自己の存在と切り離せないものとして
認識されている．pさんは逆にその身体的行為にともなって生成する障
害者と介助者の間の感情的行為に「お互いの命を生かしあうような関係」
の形成という可能性を紡ぎだすことにより，他律的な身体，すなわち「身
体の他者性」としての障害を自己の一部として引き受けている．そして
他律的な身体と結びついた自己の存在および介助者と共同的に所有され
ざるを得ない自己の生活を「プラスの方向に転換」しようとしている．
障害者と介助者が異文化交流関係を形成し，1人の健常者から1人の障
害者として引き受けられる経験を通じて，障害者はその視点を内面化し，
障害を有する他律的な自らの存在を引き受けている．そして，そのよう
に障害を有する自らの存在を引き受けるとき，その障害者はまた1人の
障害者として1人の健常者と異文化交流関係を形成し，共同的に所有さ
れた自らの生活において引き受けることが可能になる．

　他方で，介助者も1人の健常者として1人の障害者を引き受けるとき，
それは1対1の人間関係の経験であるが，相性による個別性を超えて，

より普遍的に障害を有する障害者の存在を引き受けることに繋がりうるものである．したがって異文化交流関係を志向する障害者の多くは，１対１の異文化交流関係の先に，関係性の広がりを軸とし，障害者が障害と自己を切り離さずに受容される地域社会の形成を期待している．

> 一人一人で生きていけると思うけど，自分としては，人がいて初めて生きていけるという部分が強いわけで，自分たちが生きやすい社会をつくっていくベースとして，広い意味で地域を僕たち自身でつくっていかないといけない．障害者にしかできないことはいろいろある．地域づくり，コミュニティづくりは大事にしていきたい．一番のベースは介助者だろうなと思う．（障害者oさん）

　日常生活に長時間の介助を必要とし，介助者と長時間付き合わざるをえない重度障害者と日常生活の一部を介助者として障害者に関わる健常者には明らかな非対称性が存在する．
　異文化交流関係を通して相手と向き合うことは，重度の障害者にとってより負担が大きい．それにも関わらず，異文化交流関係を志向する障害者が存在することは，その関係がもたらす「障害者が障害のある身体を引き受け，自分を価値のある存在として認識すること」や「障害者が障害と自己を切り離さずに受容される地域社会の形成」に重度の障害者が価値を見出だしていることを示すものと言える．

5　介助の社会的労働化と異文化交流関係

　異文化交流関係は1970年代後半より地域で自立生活をした障害者に共通してみられる傾向である．古くから介助者を入れて生活する障害者は障害者と介助者双方の意識の変化として，障害者の側からの障害者と介助者の共同性の模索や健常者の側の障害者と介助者の関係に関するこだ

わりが減少していることを指摘している.

> ＊＊では昔から一緒に生きていく,障害者と介助者が協働する,同行者,
> 心を同じくするものというのが根強くあった.……社会をみるきっかけ
> として介助者というものがあった.それが今は来てくれればいい,ちゃ
> んとやってくれればいい.介助者との関係をそこまで考えている人は少
> ない.(障害者oさん)

> 昔の介助者は障害者と健常者の関係を考えている人が多かった.今＊＊
> に入ってくる人は仕事として.若い人たちは障害者,健常者というこだ
> わりがなくてすっと入っていく…….(障害者qさん)

このように介助の社会的労働化の進展が,異文化交流関係の形成につ
ながるものとなっていないことを指摘されている.介助の社会的労働化
は労働関係の形成を容易にすることで,障害者と介助者のずれをもとに,
理解不可能性を前提として理解可能性に漸近する過程を回避する契機を
作り出す可能性をもっている.

第5節 介助をとおした他者との向き合い

介助行為は障害者の自立生活を可能にする身体的行為のみで完結せ
ず,感情的行為をともなう.さらに感情的行為が一時的なものではなく
恒常的なものになりやすい.そのため,障害者と介助者の意識のずれが
顕在化しやすい.そのようなずれへの対処として介助関係を労働関係と
みなすことで身体的一体化を図る,情緒関係とみなすことで親密な友人
に近い意識レベルでの一体化を図る,などが存在した.

その一方で,介助関係を障害者と健常者の異文化交流とみなし,障害

者と介助者の意識のずれをお互いの理解の糸口とする志向もみられた．介助を必要とする障害者とそうした障害者と関わる介助者によってつくられる介助の場は，障害者と健常者それぞれが自らと異なり理解不可能な他者と関係をもち，共同で生活を作り出す契機が顕著に生まれる場である．こうした場において模索されてきた異文化交流関係では，相手の理解不可能性を前提として理解可能性へ漸近するものである．また異文化交流関係の形成は，障害者が自己の内部の同一化不可能な他者ともいえる障害のある身体を障害のある身体を引き受け，自分を価値のある存在として認識することにもとながっている．それは自らと異なる他者を受け入れるような地域社会のあり様にもつながるものである．この点については6章でも検討を行う．そして，少なくとも2000年代初頭の介助の社会的労働化はこのような異文化交流関係の形成を促進するものとはいえなかった．

　私たちは，私たちより一歩先んじて関係を形成してきた障害者と介助者の介助関係の実践の検証を通じて，これまで障害者を排除してきた健常者を中心とした社会のあり方を反省し，障害者と健常者の関係や障害者と社会の関係を再構築する技法を学ぶことができる．その一環として次の5章では障害者と健常者による芝居作りに着目する．

　注
　1）　障害者の能動性を強調するとき，護るという意味のある「介護」ではなく助けるという意味のある「介助」が使われる．以降では特段の意味がない場合には「介助」を使用する．
　2）　たとえば，アメリカの自立生活運動では自立生活を「どこに住むか，いかに住むか，自分で生活をまかなえるかを選択する自由をいう．それは自らが選ぶ近隣のコミュニティの中で生活することである．また自らの選択でひとり暮らしをするか或いはルームメートと共に暮らすことである」[Laurie 1979

＝1980：1］とする.

3）　たとえば，小山内は「ヘルパーは私の手である.たとえば，腐ったミカンを食べるといえば，食べさせるのがヘルパーの仕事である.口にほおばり腐っているとわかった時，吐き出せばいいのである」［小山内　1997：121］と述べている.

4）　インタビュー調査は普段より家族以外の人から介助を受けている障害者17名と身体又は知的障害者に対して介助経験のある介助者15名を対象に，平均2時間程度行った.また，障害者1名については文書で調査した.対象選定にあたり，介助の社会化の影響を把握するため，介助に関わる経験年数の長さに幅が生じるよう配慮した.なお，介助関係について意識的な，自立生活運動に関わる障害者と介助者を調査対象に多数含めることで，より明確な意識の幅を聞くことが可能となっている.

　　調査は共通の質問項目として介助の体制，介助行為の充実感と負担感，介助関係への意識（介助の際のコミュニケーション，相手との相性の重要性など）を設定した他，介助について自由に発言してもらう半構造化インタビュー形式で行った.本文中で引用した人物の簡単なプロフィールを以下に示す.

　　　　障害者（性別，年齢，障害名，1日の中で介助を受けている時間）
　　　　lさん（女性，30代，筋ジスに近いもの，24時間）／mさん（男性，60代，脳性マヒ，24時間）／nさん（男性，50代，脳性マヒ，13時間）／oさん（男性，50代，脳性マヒ，24時間）／pさん（50代，男性，脳性マヒ，24時間）／qさん（男性，50代，脳性マヒ，24時間）／rさん（女性，30代，脳性マヒ，10.5時間）／sさん（女性，30代，リュウマチ，15時間）／tさん（女性，20代，脳性マヒ，11時間）／uさん（男性，50代，脳性マヒ，24時間）／vさん（男性，20代，脳性マヒ，24時間）

　　　　介助者（性別，年齢）
　　　　αさん（男性，20代）／δさん（男性，50代）／εさん（男性，20代）／ηさん（男性，30代）／ιさん（男性，20代）／μさん（男性，20代）／νさん（男性，20代）／λさん（女性，20代）

5）　インタビュー調査は支援費制度が始まった直後の時期に行われている.その後，介助に従事する際に資格必要であることにより健常者が介助を始める障壁が上がったこと，公務員等兼業が禁止されている職業の健常者が介助を行いにくくなったこと，などの変化があったと想定される.したがって，現

在では以前よりも介助を行う健常者の幅が狭まり，介助関係の幅も狭まっていると推察される．

6）　以下の指摘にあるように，介助が社会的労働化された後も感情的行為の重要性は変わっていない．

　　　介護は自己実現じゃなくて，他者の自己実現を行う労働．……介護は，関係労働であり，感情労働．（介助者δさん）

7）　6章注11でも触れるように，自立生活センター（介護派遣事業所）の対応や障害者個人の工夫により，その後も個人介助システムは存続している．

第5章　障害者と健常者による芝居作りを通じたスティグマの解消

　この章ではスティグマとしての障害を解消する方法の1つとして，障害のスティグマ経験を障害者と健常者で共有する技法を検討する．そのために，「水俣世田谷交流実行委員会」という障害者と健常者による芝居作りグループの活動を紹介する．

第1節　スティグマとしての障害とその解消

1　スティグマとしての障害

　「障害の社会モデル」は障害によって生じる活動の制約や不利益の原因を障害者個人に求めるのではなく，障害者のことを考慮しない社会に起因するものととらえ，その解消を社会の責務とする．しかし，障害者を拒む社会的障壁には十分な福祉サービスや合理的配慮の不提供やアクセシブルでない公共交通や建築物など明示的なものに留まらない．アテトーゼに対する奇異のまなざしといった「障害のある身体への否定的価値づけ」[1]や発話（構音）障害者の話を聞こうとしない店員にみられるような「障害者と健常者の身体的差異を考慮しない周囲の人の態度」，さらにそれらの結果生じる「あきらめや自己否定」といった他者との相互作用の中で生じる抑圧も存在する．2章，3章で論じてきたように，障害者は健常者との相互作用の中で健常者を中心とした社会の価値観を内面化することで，障害のある自己を否定的にとらえ，自己主張や社会参

加を自ら抑制する．星加は「障害の社会モデル」の議論を発展させ，「ディスアビリティには，「公的な制度や構造のように，明示的ないし固定化したルールを介して与えられる制度的位相と，内面化した規範や他者の眼差しを通じて意識的・無意識的に生成されるような，自己抑制によって帰結する非制度的位相とが存在する」[星加 2007：97] と指摘し，障害を制度的位相と非制度的位相の2つの側面からからとらえ直す．制度的位相とは不十分な制度・サービスや物理的障壁を指すのに対して，非制度的位相とはこれまで紹介したような障害者が相互作用を通して経験する周囲の人の自分への否定的な態度や評価と，それにともなう自己規制や自己否定感を指す．

障害者への周囲の人の自分への否定的な態度や評価を社会学では「スティグマ」として概念化してきた．ゴフマンはスティグマについて「人の信頼をひどく失わせるような属性をいい表すために用いられるが，本当に必要なのは明らかに，属性ではなくて関係を表現する言葉なのだ」[Goffman 1963＝1970: 12] と述べている．スティグマはそれを有している人の価値を失わせるような属性である．しかし，厳密には，属性そのものがスティグマであるのではなく，ある集団の中で特定の属性がスティグマとして扱われる．さらにスティグマには，単に属性が否定的に扱われるにとどまらず，属性を有している人全体が否定的に扱われるという特徴がある．したがって，障害のある身体そのものがスティグマとなるのではなく，健常者を中心とした社会において障害のある身体がスティグマ化される．さらに，障害のスティグマは，障害のある身体を否定的に扱うだけでなく，障害者個人全体の価値を奪う．障害者本人は周囲の人の態度やまなざしといった他者と障害者本人との相互作用を通して自己の価値が奪われる経験をする．結果，障害のスティグマは，障害者本人に内面化され，自己規制や自己否定感を生じさせる．

第5章　障害者と健常者による芝居作りを通じたスティグマの解消　*101*

　したがって，障害者を取り巻く社会的障壁として制度的位相として現れる物理的な障壁や不十分な福祉制度のみならず，非制度的位相をもたらす障害のスティグマにも着目する必要がある．

2　障害のスティグマの解消をめぐる実践

　障害の非制度的位相は制度的位相と比べて，これまで解消されるべき社会的障壁としての議論が深められてこなかった．その理由として①物理的障壁などの制度的位相が多くの場合一律に障害者を排除するのに対し，スティグマは障害者の個人的経験として生成するため社会的な障壁ではなく個人の問題としてみなされやすいこと，②制度的位相が多くの場合，外部から活動などの障害者の身体面に制約を加えるのに対して，スティグマは障害者の内面にある精神側面に働きかけることで，自己規制や自己否定感をもたらすため健常者のみならず障害者にも障壁として意識されにくいことが挙げられる．

　障害のスティグマの解消に積極的に取り組んできたのは，同じようなスティグマを付与された障害当事者たちである．彼ら／彼女らの運動や活動の特徴として，メンバーが同じようなスティグマ経験をした者同士であるため，新たな障害のスティグマ化が生じにくく，これまでのスティグマ経験を共有しやすいこと，および障害をスティグマ化する健常者を中心とした価値観による影響を受けにくく，新たな価値観を育みやすいことが指摘されている［南雲 2002］．

　2章で紹介した「青い芝」神奈川県連合会の活動やピア・カウンセリングはこうした運動や取り組みの一例である．「青い芝」神奈川県連合会はスティグマとして取り出される障害という属性を肯定的なアイデンティティ確立の拠点として認識できるよう，障害者自身の価値観の変更を試みた．ピア・カウンセリングではスティグマとして取り出される障

害という属性を含め，障害者個人の全体を肯定する試みがなされた．両者の意義と課題は2章で考察した通りである．

　しかし，障害当事者の集団内部で個々の障害者のスティグマとしての障害への認識の変化が生じたとしても，外側の健常者を中心とした社会での障害への認識の変化が生じなければ，周囲の健常者による障害のスティグマ化は変化しない．依然として「障害のある身体への否定的価値づけ」や「障害者と健常者の身体的差異を考慮しない周囲の人の態度」は残される．したがって，障害のスティグマを，社会的障壁として解消する上では健常者を巻き込んだ取り組みも必要となる．

　健常者を巻き込んだ取り組みでは，健常者への啓発活動として「心のバリアフリーの推進」が掲げられている．その具体的な実践としての障害理解教育ではこれまで「障害疑似体験」がその中心となってきた［水野 2005］．しかし，これまでの心のバリアフリーは一般的に「優しさ，思いやり，ヒューマニズムなどのイメージと結びついて」［徳田 2005：10］理解されている．障害のスティグマを生成させる社会のあり方は意識されず，また健常者は理解する主体，障害者は理解される客体とする非対称性も存在する［飯野・星加 2022］．障害疑似体験にはこれまでも，① できない経験を通して否定的な障害観が形成されてしまうこと，② 一時的な制約と長期間にわたる制約の区別が十分にされず誤った障害理解がされてしまうこと，③ 物理的な障壁に関心が集まり社会的心理的困難など社会モデルの視点が十分に反映されないことなどの課題が指摘されてきた［French 1992；横須賀 2010］．近年ではこうした批判を受け，障害疑似体験を実施する側も，障害者を講師に招く，前後に学習の機会が用意されるなど，プログラムの改良がすすめられている［村田 2023］．しかし横須賀［2010］は，障害疑似体験では，障害者は理解される客体とされるが，健常者は自らの立場を問われず，障害と健常という属性の

恣意性を問い直すことが少ないと，その問題性を指摘する．

　健常者が介助を通して障害者の生活に介入するような事態が生じる障害者と介助者の介助関係の中で，健常者が自らの立場を問い直すことがしばしば生成しているとの指摘もある［前田 2006］．4 章においてもこの点に触れた．介助場面での障害者と介助者・健常者の関係は，健常者が障害のスティグマへの理解を深める契機ではあるが，すべての健常者が介助者として障害者と関りをもつわけではない．介助関係のみでは一般健常者へ広がりに欠ける．このように，障害者と健常者の間で障害のスティグマを社会的課題として可視化し，共有する方法についての研究や実践の検討は不足している．

3　障害者の自己表現としての演劇

　この章では介助関係に限定されない障害者と健常者の関りとして障害者と健常者による芝居作り集団の活動を取り上げる．そして，この集団による芝居作りのプロセスへの参与観察を通じて，障害のスティグマを障害者と健常者の双方で共有する技法に接近する．芝居作り集団での障害者・健常者メンバーの相互作用と自己理解に焦点を当て，スティグマを理解し，それを表現するためにメンバーが意識的・無意識的に行っている特徴的な行為の形式を障害のスティグマ経験の共有の技法として取り出す．

　芝居作りに着目するのは芝居が「既成概念を破ることにつながる」可能性を有しているため，既存の支配的な価値観を見直し，新しい価値観を提示する契機となりうるためである．桐山［2007］は，障害者の表現活動を① 旧来の芸術・芸能の世界，② 新しい芸術芸能の世界，③ 治療，④ 人生の充実，⑤ 自立と社会参加，の 5 つに分けて，新しい芸術芸能の世界を「障害をもつことが既成概念を破ることにつながる」と定義し，

その一例として障害者を中心とした劇団である「劇団態変」を挙げている．倉本も「青い芝の会（日本脳性マヒ者協会青い芝の会）」の限界を乗り越える可能性のある活動の１つとして「劇団態変」を取り上げ，「障害者身体にわりふられた否定的な意味を反転し，オルタナティブな価値へと昇華するにあたって演劇空間は格好の場だった．そもそもそこは，そうした新しい価値の創造，意味の発見のための実験室のようなもの」［倉本 1999：247］と述べている．倉本が芝居のアウトプットに着目したのに対して，本章では芝居作りのプロセスに着目する．

第 2 節　水俣世田谷交流実行委員会への参与観察

　以下で紹介するのは東京都世田谷区を中心に活動している「水俣世田谷交流実行委員会」の活動である．この団体では地域で自立生活をする重度障害者を中心としたメンバーが，グループ内の障害者の半生を題材[2]にして芝居をつくり，上演している．

　筆者は，この団体の初代代表の障害者と介助者としての関わりがあったため，活動初期段階である2008年4月に記録係として活動への参加を勧誘され，活動に参加した．当初は記録者兼障害者の自立生活についての情報提供者として活動に参加していた．その後，徐々に他のメンバーと同様の関わり方をするに至った．そして活動に参加し，会議でメンバーの感想を聞く中で，このグループの特徴として芝居内容よりも芝居作りのプロセスに注目するようになった．2010年にグループとしてまちづくりファンド助成事業への応募を検討する際，筆者から芝居作りのプロセスをドキュメンタリーとして制作することを提案し，並行して研究者としても関与することに了承を得た[3]．ここで紹介するのは筆者が活動に中心的に関与した2008年4月より2012年10月までの活動である．参与観察

第5章　障害者と健常者による芝居作りを通じたスティグマの解消　*105*

表 5 - 1　分析に用いた資料

公演映像	「ざ・やすみつ」（初演・再演・Part 2・Part 3・Part 4），「キミエズ・ハーストーリー」（初演・再演），「ナカチャンズ・ハーストーリー」（初演・再演）
ドキュメンタリー映像	「みなせた稽古場日誌」（2010年 7 月から10月までの活動記録映像）
ML	［0165］（2008年 4 月 1 日）〜［02403］（2012年10月10日）
配布資料	「みなせた稽古場日誌」上映会（2011年 6 月）配布資料

にあたっては，メンバーに研究意図を説明した．公表に当たってはメンバーに内容を説明し，団体名の公表を含め了解を得た．

　分析では，筆者の主観的解釈をできるだけ排除して客観性を持たせるため，映像や活字によって残されており，検証可能な資料を主な対象とした．分析に用いた資料は**表 5 - 1** のとおりである．中心となるのは，2010年 7 月から2011年 3 月まのでの期間である．この間に芝居「ナカチャンズ・ハースーリー」が 2 回上演された．また，2010年 7 月から2010年10月にかけてその芝居作りの様子の撮影が継続的に行われ，映像の編集を経て，2011年 3 月にドキュメンタリー「ナカチャンズ・ハーストーリーができるまで〜ねぇ私の右手さん」が完成した．

第 3 節　水俣世田谷交流実行委員会の概要

1　設立経緯とメンバー構成

　水俣世田谷交流実行委員会の起源は，2006年に演劇関係者 3 名が熊本県水俣市で胎児性水俣病患者や障害者，そのほかの一般市民と一緒に舞台を作ったことにある［花崎 2012］．この舞台作りに関わった患者が東京で自立生活をしている障害者の暮らし方に興味を持ち，2008年 1 月世田谷を訪れ，自立生活をする障害者やその関係者と交流を図った．この際に，世田谷側の受け入れ組織として水俣世田谷交流実行委員会が生まれ

た．設立当初の目的は，世田谷の重度障害者の生活の様子を芝居にして，水俣で上演することにあった．この目的は2015年12月に水俣で「ヤンキー障がい者見参！」を上演することで実現している．

　メンバーに関する厳密な定義はないが，2009年8月に作成された名簿には15名記載されており，うち脳性マヒ者が7名である．そのうち5名に発声発語障害（以下，構音障害）がある．また，2008年の第1回公演には11名のメンバーが参加し，5名が脳性マヒ者である．障害者メンバーの大半は介助者を入れて地域生活をしており，普段はカフェの運営者や自立生活センター職員などをしている．会への参加が主要な活動となっているものはいない．会議に介助者を付けて参加する者，付けずに参加し，周囲の人に介助を依頼する者の両方がいるが，日常生活や移動を他の健常者メンバーに依存している者はいない．ほかに，福祉施設職員，介助者，演劇ワークショップに関わってきた演劇関係者などの健常者がメンバーとして参加している．演劇関係者の一部は，1980年代より障害者メンバーと演劇ワークショップを実施している．障害者メンバーと健常者メンバーの一部は自立生活センターや介助を通じてつながりがある．またこのほかの健常者も芝居作り以前に障害者メンバーと知り合っていた人が多い．

2　活動の内容

　メンバーで定期的に集まりながら，雑談や話し合いを重ね，メンバーの自立生活の模様を芝居として製作し，世田谷区で上演しつつ，交流を図ることが活動の中心となっている（表5-2）．メンバーの中に職業的演劇家になることのみ，芝居を演じることのみを目的としている人はいない．主催イベントでしばしば「生活お見合い」という言葉が用いられており，芝居作りを通して自分の気持ちを表現することに加え，さまざ

第5章　障害者と健常者による芝居作りを通じたスティグマの解消　　*107*

表 5 - 2　　活動年表

年	出来事	場所
2006	水俣病公式発見50周年事業地域交流部会創作舞台『水俣ば生きて』	水俣市市文化会館（水俣市）
2007	水俣ば生きる会主催「ゆうじ屋の誰でもできる料理教室」「ゆうじ屋のお料理トーク」	水俣市市もやい館（水俣市）
	水俣市世田谷交流実行委員会設立	
2008	水俣市世田谷交流プログラム「春の汽車はおそいほうがいい」開催	梅が丘パークホール（世田谷区）
	雑居まつりで「ザ・やすみつ」上演	羽根木公園（世田谷区）
2009	ほほえみ経堂地域交流祭で「ザ・やすみつ」再演	ほほえみ経堂（世田谷区）
	路上演劇祭で「キミエズ・ハースーリー」上演	千歳烏山駅前広場（世田谷区）
	水俣市世田谷交流実行委員会正式発足	
	雑居まつりで「ザ・やすみつPart 2 どん底と希望と勇気」上演	羽根木公園（世田谷区）
	木村浩子×キミエ群団・「生活お見合い」開催	総合福祉センター（世田谷区）
2010	「春の汽車はおそいほうがいいPART 2 柏木敏治ディナーショー」開催	世田谷ボランティアセンター（世田谷区）
	路上演劇祭で「ザ・やすみつ Part 3　貧楽寮グラフティ―だらだらとおもろ車椅子生活―」上演	千歳烏山駅前広場（世田谷区）
	ドキュメンタリー撮影開始（まちづくりファンド助成事業）	
	町田ヒューマンネットワーク20周年記念式典にて「ナカチャンズ・ハーストーリー」上演	ホテル「ザ・エルシィ町田」（町田）
	雑居まつりで「ナカチャンズ・ハーストーリー」上演	羽根木公園（世田谷区）
2011	みんなせた稽古場日誌「ナカチャンズ・ハーストーリーができるまで～ねぇ，私の右手さん」内覧会	成城ホール（世田谷区）
	みんなせた稽古場日誌「ナカチャンズ・ハーストーリーができるまで～ねぇ，私の右手さん」試写会	千歳烏山駅前広場（世田谷区）
	NHKテレビ「こんにちはいっと6けん」で活動紹介	
	みんなせた稽古場日誌「ナカチャンズ・ハーストーリーができるまで～ねぇ，私の右手さん」上映会開催	世田谷ボランティアセンター（世田谷区）
	雑居まつりで「ネバーギブアップ！ネバーエンディング・ストーリー・ザ・やすみつ」上演	羽根木公園（世田谷区）
	「被抑圧者の演劇」レクチャー番外編（講師　Adrian Jackson氏）開催	北沢タウンホール（世田谷）
	世田谷パブリックシアターPTワークショップラボ『コミュニティにおける演劇の実践』で活動報告	世田谷文化生活情報センター（世田谷区）
2012	ところざわさくらCaféにてみんなせた稽古場日誌「ナカチャンズ・ハーストーリーができるまで～ねぇ，私の右手さん」上映	所沢市中央公民館（所沢市）
	雑居まつりで「初めての介助」上演	羽根木公園（世田谷区）

写真5-1　水俣世田谷交流実行委員会の活動の1コマ
（出所）水俣世田谷交流実行委員会提供．

まな人の生活の様子を知り交流を図ることを望んでいる人が多い．その中には，構音障害のある人が気軽に話しかけられるまちづくりなどがある．多くのメンバーが後述する芝居作りのプロセスに魅力を感じている．

　上演している芝居は，男性障害者メンバーの半生を軸とした「ザ・やすみつ」と女性障害者メンバーの半生を軸とした「キミエズ（ナカチャンズ）ハーストーリー」の2シリーズが中心となっている．どちらのシリーズも演出の変更や注目する場面の変更などにより，毎回内容は異なる．芝居の中で表れているテーマは，①　小さいころの家族との生活，②　施設入所と自立生活への移行過程，③　介助や介助者についての考え方，④　障害のある自分の身体についての考え方，など多岐にわたるが，重度障害者が施設や親元を出て，地域で生活することを目指す自立生活運動と結びつく話題が多い．たとえば，②では，家族と離れ紹介された施設へ入所することを「自分で決める」過程，「感情を爆発させ」自由のない施設を出る様子，などがある．③では，グループホームで指示し

たことをしないお手伝いさんへの対応，「身の回りのことを自分でする
こと」ではなく「介助を上手に利用しながら生活すること」が自立であ
るとする考え方への転換，などがある．④では，自分の障害が表れてい
るため右手を嫌っていた女性障害者が右手を好きになる過程，などがあ
る．一般的な演劇は劇場や演劇に適した室内空間で上演されることが多
いが，この団体の上演場所には，公園や駅前広場といったオープンスペー
スが利用されている．これは偶然通りかかった，普段障害者と関わりの
ない人にも観劇してもらうことを期待しているためである．

　一般的な演劇では，あらかじめ出来上がった台本をもとに稽古がすす
められる．しかし，この団体ではメンバー間の話し合いの中で台本や芝
居が製作される．芝居作りは① 障害者メンバーのこれまでの半生や現
在の気持ちをメンバー全員で聞きとる，② 聞き取った内容についてメ
ンバー内で繰り返し議論し，理解を深める，③ 議論となった場所を中
心にいくつかのシーンをもとに台本をつくり，台本を読みながら議論を
する，④ 配役を決め，各々が台本をもとに演じながら，台本をつくり
変える，といった過程を経ることが多い．この過程は活動の中で自然に
成立した．

3　稽古場での人間関係

　芝居作りのなかで，演劇関係者メンバーは会議の進行や台本のたたき
台の作成などの役割を担っている．しかし，会議の進行役は必ずしも演
劇関係者に限定されていない．また台本に書かれた一つ一つのシーンの
もととなるエピソードにおいても時間をかけて議論され，話し合いの中
で書き換えられる．また演劇関係者による芝居をより効果的に見せるた
めの演出も抑制されており，演劇知識の豊富な演劇関係者が他のメン
バーを指導するという「教師と生徒のような関係」は避けるよう試みら

れている.

　たとえば，演劇関係者メンバーAからメールでドキュメンタリーのサブタイトル案として「疾走する脳性マヒ者たちの介助をめぐるつぶやきから「ナカチャンズ・ハーストーリー」を生み出す」が提出される．それに対して障害者メンバーBから「なんで俺たちをクローズアップしようとするのか分かりません．ミナセタ（筆者注：水俣世田谷交流実行委員会の略）は，俺達障害者だけでやっているわけじゃあないのは，Aさんが痛いほど分かっていることだよね」という指摘がなされる．それに対してAから「はい，Bさんの言うとおりで障害者のみの活動ではないことは，言うまでもないことです．それでも，あのような命名にしてしまったのはたぶん，70年代的なインパクトねらいということで私の間違いです[4)]」と反省が語られる.

　さらに，リハビリテーション施設に入所していた男性障害者が，夕方に外出してポルノ映画を観ることで自由を感じた経験をもとに作られたシーンについて，後日の会議で女性メンバーから，このシーンがポルノ映画を観ることが肯定的にとらえられているような印象があることに，違和感が表明されるなど男女の視点の違いが議論されている．また，ドキュメンタリーのセリフに字幕を入れることについて，構音障害のあるメンバーから「字幕を入れることで自分の話している内容が伝わる」との意見が，構音障害のないメンバーから「字幕があると観る人が生の声を聞こうとしなくなってしまうのではないか」との意見が出されるなど，構音障害の有無による視点の違いが議論の中で明らかになる．後述するように，議論の中で障害の程度により介助を受けることに対する感覚が異なることも明らかになる.

　このように，会では話題に応じて障害と健常の違い以外の違いも意識化されており，稽古場の中では「障害当事者の表現活動を健常者が理解

し，支援する」以外の相互作用も生成している．

第4節　芝居作りの中でのスティグマの理解

1　「ナカチャンズ・ハーストーリー」の概要

　以下では，2010年に2回上演された「ナカチャンズ・ハーストーリー」ができあがる過程を通して芝居作りの中でのスティグマ理解を検討する．「ナカチャンズ・ハーストーリー」は，メンバーの1人である女性障害者Cの半生を芝居にしたものである．あらすじは次のとおりである．

　　養護学校（現特別支援学校）に通う高校3年生のナカは，施設に空きが出たとの連絡を受けて自分から施設に入所する決断をする．しかし，施設での判を押したような毎日の中で一人暮らしをしたいと考え始める．一人暮らしの練習をする中で，ピア・カウンセリング[5]のプログラムに参加し，これまで脳性マヒの障害が現れているため隠してきた右手を褒められ，自信をつけていく．また，自立のための訓練を受ける中で，訓練担当者からすべてを自分でやろうとするのではなく，ヘルパー（介助）を上手に利用しながら生活するよう言われ，衝撃を受ける．また，行政職員に電動車いすの給付を要望し，必要性を認めてもらう．このようにして，ナカは念願の一人暮らしを始めた．

2　介助を上手に使うこと

　この芝居作りにあたって，最初女性障害者Cが会議の中で自らの経験をメンバーに語った．その際に「介助を上手に使うこと」と「障害者だとわかってしまう自分の右手を好きになったこと」の2つのエピソード

にメンバーが関心を寄せ，議論がなされた．以下では，この2つのトピックに着目し，障害をめぐるスティグマ経験が理解される過程を追う．

「介助を上手に使うこと」については，できないことだけでなく，できることでも時間がかかることを介助者に頼むという「介助観[6]」への気づきが語られ，芝居作りの過程でその両者の違いがメンバー間で共有された．「自分でできることは自分でする」とする規範を内面化した障害者にとって，「介助を上手に利用しながら生活すること」，すなわち自分でできるが時間がかかる動作を介助者に依頼することは，規範と抵触するため，実行しづらい．結果として介助の依頼を抑制し，自立の障壁となる．「メンバーの半生や現在の気持ちを聞きとる」中で，これまで自分のことは自分でしなければいけないと思っていたメンバーCが，自立訓練終了後に職員から「自分で何でもやろうとすると体を壊すので一人暮らしをしたければヘルパーを上手に使って生活してください」と言われ，衝撃を受けたことを語る．さらに「聞き取った内容について繰り返し議論する」過程の会議の中で，以下のようなやり取りがなされ，「介助を上手に利用しながら生活すること」が自立であるとする考え方への転換のシーンがつくられた[7]．

　　C：あの頃の介助って本当に自分でできないことを頼む，って思い込んでたのね．だからもうちょっとあの頃からもっと介助を入れて使えてたら，また違う考え方，生き方になってたんじゃないのかなあ．わかんないけど．

　　（中略）

　　B：僕は自分ではできないことが多いという上での介助の受け方を．で，Aさんの場合は自分でできちゃうけど，無理はできないとか．だからこういうと乱暴かもしれないけど．中途障害……（構音障害のため聞き取り

にくい)

　　C：中途障害．脳梗塞とか．（Bの発言を補足する）

　　D（男性，筆者）：ああ，中途障害．

　　B：中途障害の人の感覚に似ているのかなあと思って聞いてたんだけど．

　また，実際の芝居の台本では，「ヘルパーを上手に使って生活してください」と言われた衝撃を表すために，主人公と主人公の「心の声」による対話を 1 つのシーンとした．

　以下は，「各々が台本をもとに演じながら，台本をつくり変える」過程の，衝撃を「心の声」が表現するシーンの稽古場面で生じた議論の 1 つである[8]．実際のセリフを考えるメンバーAに対して，他のメンバーが当事者のCに確認を始める．

　　A：そこのところは，「でもなんか，ホッとするんじゃない」とかっていうふうに推測で言ってあげる，というふうにするとうまくいく．ナカチャンが無理やり自分の声として言わなくていい．

　　障害者メンバーE：あのー．（構音障害のため聞き取りにくい）

　　A：で，それに「うーん」と言って．

　　E：上手っていうか，「できないところをやってもらえば」，そういうことを言われたの？

　　C：自分のできないところだけ，やってもらえばいいのかなあーって．

　　E：その方がわかりやすい．

　　女性障害者メンバーF：でも，できることも，ヘルパーさんに頼んだ方が時間短縮とかそういうのになるよっていう．そこが気づきだったんでしょ．

　　D：そこが上手に，ってことなんですよね，きっと．

　　F：だから『ヘルパーを上手に使えば』っていうのは職員の言葉だった．

で，ナカチャンはまだそれを完全に理解っていうか，自分の中に落とし込めなかったんですよね？

Cとは異なる障害程度のBは，話し合いの中で自分の介助観とCの介助観を比較し，自分の場合は「できない」ことが多く，それを介助者に頼むのに対し，Cは「できる」ものの時間がかかることを介助者に頼む，という違いに気づいている．芝居の稽古においても，心の声の演じ手は，「介助を上手に利用しながら」という考え方の意味を十分に理解できていないため，演じる過程でメンバーにその意味を確認し，「できないこと」を介助者に頼むことではなく，「できるものの時間がかかること」を介助者に頼むことが心理的に難しいことであることを共有している．

メンバーAは，この団体の芝居づくりの魅力について以下のように語っている．

> この体験は，劇を作りあげることも楽しいのだけれど，それにも増して，聴きながらご本人の気持ちを推し量り，自分の暮らしぶりや人生の選択とも比べてみる事で，かえって自立していると思っている健常者の基盤のもろさを，まざまざと知ることになったり，私自身の考えの枠組みに随分な影響がありました［水俣世田谷交流実行委員会 2011］．

芝居の中で，「できるものの時間がかかること」を介助者に頼むことの葛藤を知ることで，「障害者の自立」という主題は，「健常者にとっての自立」という問いへつながるものとなっている．個人とそれを取り巻く環境の事象としての障害は，障害者固有のものではなく健常者への問いかけともなる．たとえば，2009年の路上演劇祭で上演された「ナカチャンズ・ハースーリー」の前身である「キミエズ・ハースーリー」では，冒頭に障害者・健常者メンバーがそれぞれの自立をアドリブで観客に向

かって語るシーンがあり，以下のようなセリフが述べられた．

　　女性障害者メンバーG：自由があること

　　男性健常者メンバーH：人とつながれること

　　F：周りと支え合って生きること

　　男性健常者メンバーI：選択肢があること

　　B：かわいい女の子を追いかけること（構音障害のため聞き取りにくい）

　　女性健常者メンバーJ：なに，かわいい女の子を追いかけること？　もー
　　う．ほしいものがなんでも買えること．

3　障害の現れる右手を好きになること

　続いて，脳性マヒの障害の現れる右手を隠せば健常者のようにみえる
と考え，右手を隠してきた女性障害者Cが，自分の右手を好きになり，
自分に自信を持つようになったことが語られ，芝居作りの中でそのこと
への理解が深まる過程を追う．障害の表れた右手は普通とは違うもので
あり，隠すべきであるとする考え方はスティグマを隠す行為に相当する．
このような健常者のようにふるまう行為は，他者に提示する自己像と自
己が認知する障害者である自己像のかい離を生じさせ，自己否定を生じ
させる．このようにスティグマは，物理的な障壁のように明確な形で障
害者を排除するのではなく，障害者個人の主観的な経験として生成し，
障害者の自己抑制に帰結するため，健常者の目に触れることが少なく，
障害者自身もそれに気づきにくい．

　「メンバーの半生や現在の気持ちをメンバー全員で聞きとる」過程で，
Cが「ピア・カウンセリングを受けて自分を好きになった」と発言した
のに対し，他のメンバーが「それまで自分のこと好きではなかったのか」
と問いかけた．メンバーCは，障害が右手に表れているためこれまで右

手を隠してきたが，ピア・カウンセリングの中で右手を肯定的に意味づけるようになった経験を以下のように語っている[9]．

　　F：ピアカン（筆者注：ピア・カウンセリングの略）を受けて自分のことを好きになっていいんだって思えるようになったってことは，それまでは自分のことが嫌いだったの？
　　C：自信なかった．
　　（略）
　　C：その時に，『Aチャンの右手はAチャンのすべてが表れていてとってもすてきだ』って言われたのがすごいびっくりして．頭の先から足まで電気が走ったみたいで，びっくりして．自分はこの右手があるから障害者なんだって思い込んでたから余計．『右手を隠して話さなかったら，普通の人と同じだね』って言われてたから．『え，この右手がいいの』って思って．もう，なんか，嬉しいっていうかビックリして，じゃあ自分にもいいところがあるかもしれないとか思い始めたのがきっかけ．

さらに，後日会議でCが子どものころ親から「右手を隠したら普通の女の子だよね」と言われたことがあることがわかり，メンバーの間で「頭の先から足まで電気が走った」状況への理解が深まっている．「聞き取った内容について繰り返し議論する」過程で自分の右手を肯定的に意味づけ直す場面は，この場面でも主人公の気持ちをより強調して表現するために主人公の「心の声」という役が置かれ，以下のような台本となった．

　　ピア・カウンセリング参加障害者（健常者メンバー）：ナカチャンの右手がすてきです．ナカチャンの右手は，ナカチャンのすべてがあらわれていて，とってもすてきです．
　　心の声1（健常者メンバー）：どうして？

心の声2（健常者メンバー）：どうして？

心の声1：なにもできない右手がすてきなの？

心の声2：この右手，大嫌いでいつも隠してきたのに……

心の声1：七五三の時だって……

（回想シーン，ナカチャンの母はナカチャンがいるつもりで声をかける）

ナカチャンの母（健常者メンバー）：○○（ナカチャンの下の名前），ここごらん．ほら右手を下にしておひざの上において．○○はねえ，しゃべらずに，こんなふうに座っていたら，普通の女の子に見えるよ．ほら笑ってごらん．

心の声の1，2：右手は隠してたほうがいいのかな，ってずっと思ってた．

ナカチャン（障害者メンバー）：私の右手，これも私だよね．（ゆっくりと舞台前に出ながら……）私の右手さん，なにかできますか？ 誰かと握手するなら，右手でできるかな．

　障害のある身体を日常的な相互行為の中で開示することは，しばしば相手に当惑をもたらす．女性障害者メンバーCの母親が「右手を隠して話さなかったら」と語るように，しばしば障害者自らが右手を隠すことが起きる．こうした障害者の抑制の結果として障害による身体的な特徴の現れた右手や発話は日常的な場面でしばしば不可視化される．しかし，芝居の中では，「誰かと握手するなら，右手でできるかな」と右手を差し出すシーンに代表されるように，隠すべき障害を観客に積極的に開示する．演劇という日常生活と切り離された空間が隠される右手を開示しやすく，注目しやすくしていると推察される．

　また，この場面では「心の声との対話」という表現を用いられることで，障害を集団的な属性とせず，障害による身体的特徴が現れた右手と向き合う個人の過程に焦点が当てられている．「心の声」を演じた健常

者メンバーKは次のようにその感想を書いている．

　　私の障害観は変化した訳ではなくて，表現方法が深まった（かな？）だ
　　けです．Cさんの経験に通じるような感情を私の経験の中から探すとい
　　う，結構，Mな作業で（笑）[10]

　演出家スタニスラフスキーは，演技訓練の中で，演じようとする役を
理解し，描かれた人間に共感をし，役に似通った感情を喚起することの
重要性を指摘している［Stanislavski 1936＝1975］．メンバーKも心の声を
演じるという行為と向き合う中で，属性としての障害ではなく，個人的
な体験としての障害に接近することが可能になったと推察される．

第5節　障害をめぐるスティグマの共有の技法としての「対話」

1　スティグマを共有する技法としての「対話」

　障害者個人の主観的経験として生成するスティグマを，他者がそのま
ま理解することは困難である．障害者メンバーによって語られる，障害
のある自分の身体についての考え方など障害をめぐる経験やそれにまつ
わる出来事についてのメンバー間の議論を通じた理解が芝居作りの重要
な要素となっている．それぞれのメンバーは，障害をめぐる経験や出来
事を，共通する属性としての障害についての一般的な知識との関係から，
正しく理解しようとしているわけではない．障害をめぐる経験や出来事
は，その個人の身体的条件と周囲の環境との個別の相互行為において生
成するものであり，かつそれは他のメンバーのこれまでの経験との関係
の中で意味づけ直される．

　フレイレは，教師がすべてを知り，何も知らない生徒に教えるという
形式を批判し，「世界を“引き受ける”人間同士の出会い」［Freire 1970

＝2011: 122］である「対話」をその基盤とした「教育される側は自らの前に現れる世界を，自らの関わりにおいてとらえ，理解する能力を開発させていく．そこでは現実は静的なものではなく，現実は変革の過程にあるもの，ととらえられる」［Freire 1970＝2011: 107-108］課題解決型教育を提案した．水俣世田谷交流実行委員会の専門の脚本家が作成した台本を演出家の解釈にしたがって俳優が演じ，芝居を完成させるプロセスとは異なる，メンバー間の議論の中で台本を作りあげていくプロセスは，フレイレの課題解決型教育と類似点を持っている．水俣世田谷交流実行委員会ではさまざまな背景をもつ障害者と健常者が「教師と生徒」，「援助者と被援助者」とは異なる対等な関係で出会い，芝居作りという共通の関心に向けて活動する．会議や稽古の中で障害者から障害をめぐる経験や出来事が，他者に理解可能な客観的な表現へと変換することを目指して語られ，聞かれる．語りは，他の障害者や健常者からの問いかけによりしばしば中断されることで，本人に内面化されてきた規範や自己抑制が了解されるようになる．いわゆるナラティブ・アプローチ［野口2009］では個人の語りを時間軸に沿って物語として構成することがなされるが，水俣世田谷交流実行委員会では障害をめぐる経験や出来事は，メンバー一人ひとりの異なる経験や出来事と対比され，障害者間でも異なるものと理解される．稽古では，演じる側は自らの経験を参照する形で語られた障害をめぐる経験や出来事を了解しようとする．こうした中で，一人ひとりの異なる障害をめぐる経験や出来事，ならびに経験に関わる人物の行動や気持ち，それらを支える思考について，各メンバーが自分の経験を対応させながら理解を深めている．たとえば，「介助を上手に利用しながら生活すること」の難しさと大切さ，およびそれに付随する自立についての考え方への理解は，自立の課題を個々の健常者メンバーにつながりうる課題とすることにつながっている．また，「心の声」

を演じたメンバーKは，メンバーCの経験と自分の経験を照合することで，障害の現れる右手への向き合い方を自身の経験とつなげている．芝居作りでは，このようなメンバー間の「対話」によりスティグマが共有されている．

2 「対話」が生成する条件

従来注目されてきたスティグマの解消についての自助グループアプローチは，女性障害者によるピア・カウンセリングの語りにみられるように，障害者の自己否定の払拭に有効であった．その基盤となるのは同じ障害者同士であることであったが，水俣世田谷交流実行委員会では，同じであることではなく異なること，すなわち障害者と健常者の違い，障害者間の違い，男女の違いなど，異なる背景を持つことが意識されるがゆえに，お互いが他者の経験を理解しようとし，その経験を観客に伝えることがなされる．前田［2006］が指摘するように，介助では障害者と介助者・健常者の背景の違いにより，お互いが他者の経験を理解しようとすることがなされているが，水俣世田谷交流実行委員会では，より多様な背景のメンバーが多数集まることにより，その違いが重層化している．

芝居作りへの参与観察を通して看取された，異なる背景を持つ者同士の「対話」を支える実践的な条件は，①日常と異なる芝居作りの空間の構築，②メンバー間の対等な関係性の再確認，③障害をスティグマ化しない代替方法の提示，である．第1に水俣世田谷交流実行委員会では芝居作りの中で，日常的な相互行為の場面とは異なる空間を実験的に構築することで，相互行為場面で発揮されやすい自己規制を解除し，スティグマを積極的に議論の対象としている．芝居作りという実験空間に各メンバーが自発的に参加しているため，さらに障害者メンバーが健常

者メンバーに日常生活を頼ることがなく，活動と生活が分離しているため，各メンバーは日常的利害に拘束されることが少なく，自由な発言が可能となっている．また演劇関係者が関与し，芝居を作り，他者に伝えるという目的や意味づけが介在することにより日常会話では踏み込むことが困難な個人の経験への深い問いかけが可能となっている．第2に，障害者と健常者間の対等性は，活動の前提であると同時にタイトル案の議論で見られたように活動の中で反省的に振り返られることで確認される．また，メンバー間のさまざまな違いも，芝居作りの中で反省的に振り返られることで確認される．第3に，議論の中で，構音障害のある障害者の発言を他のメンバーが自然な形で意思疎通を図っているように，障害をスティグマ化しない方法が他のメンバーにも提示される場面があることが挙げられる．

第6節　ま　と　め

　水俣世田谷交流実行委員会では，メンバー間の対等性と異質性を常に振り返りながら，一人ひとりの異なる障害をめぐる経験や出来事について，別の他者に伝えるために，各メンバーが自分の経験を対応させながら理解を深める相互行為としての「対話」がなされていた．「対話」は，スティグマを障害者と健常者の間で可視化し，共有するための技法の1つといえる．

　障害疑似体験で理解の対象となるのはたとえば「視覚障害者」といった抽象化された集合としての障害者像であり，体験されるのは機能的制約である．これに対して，「対話」の対象となるのは具体的な個人としての障害者であり，体験されるのはその障害者の個人の経験である．個人の経験を体験するため，その経験に対応した自身の経験を参照するこ

とを試みる過程で，理解の対象としての障害者ではなく理解しようとする自己に向き合うことが生じている．

　障害者権利条約の「合理的配慮の提供」という言葉に表れるように，今後，障害者に不利益をもたらす障壁の解消は，行政や医療や福祉関係者に限定されない，職場や学校など公共空間に関わるすべての人にとっての課題であり，障害のスティグマもその１つといえる．水俣世田谷交流実行委員会はメンバーを障害者に限定する同質的なコミュニティではなく，さまざまな背景をもつ障害者と健常者によるコミュニティであるため，そのヒントとなる可能性を有している．芝居作りでみられた「対話」という方法が，芸術領域を超えて社会のさまざまな領域において有効であるか，また観客への調査などを通した観客にどのように届いたのかの検証は今後の課題である．また本章の知見は，筆者の参与観察により得られたものであり，今後当事者や演劇関係者などのメンバーの視点から知見を検証していく必要もある．

　注
1）　脳性マヒに特有の不随意運動のことを意味する．
2）　以下で言及するメンバーの属性は**表5-3**の通りである．
3）　矢守［2007］はアクションリサーチを目標とする社会的状態の実現に向けた変化を志向する価値観を反映した研究あり，目標を共有した当事者と研究者による共同実践的な研究であるとしている．本章も障害をめぐるスティグマの可視化と解消という実践に対するアクションリサーチの１つである．
4）　いずれも2011年１月24日にMLへ投稿されたメール．
5）　２章３節参照．
6）　デジョングは「人の助けをかりて15分で 衣服を着，仕事に出かけられる人間は，自分で衣服を着るのに２時間かかるため家に居るほかはない人間より自立しているといえる」［Dejong 1979＝1983: 176］と述べており，この介助観は障害者の自立生活理念を支える要素の１つといえる．
7）　2010年７月12日の会議．記録はドキュメンタリー映像から．

8） 2010年9月17日の稽古. 記録はドキュメンタリー映像から.

9） 2010年7月12日の会議. 記録はドキュメンタリー映像から.

10） 2010年10月20日に会のMLへ投稿されたメール.

表5-3　メンバーの属性

ID	性別	属性	ID	性別	属性	ID	性別	属性
A	男性	演劇関係者	E	男性	脳性マヒ構音障害有	I	男性	演劇関係者
B	男性	脳性マヒ構音障害有	F	女性	脳性マヒ構音障害無	J	女性	演劇関係者
C	女性	脳性マヒ構音障害有	G	女性	脳性マヒ構音障害無	K	女性	福祉関係者
D	男性	筆者	H	女性	脳性マヒ構音障害無			

第6章　世田谷における障害者運動の生成と展開

　この章では，1970年代から80年代にかけての世田谷における障害者の自立生活運動とまちづくり運動の経過を紹介し，両運動の中で構想された地域像を明らかにする．さらに，その地域像の中で想定されていた障害者の抱える課題の理解と対応の方法を考察する．そして，障害者の自立生活理念を地域との関係から再考する．

第1節　自立生活と地域

1　自立生活運動と福祉のまちづくり運動

　障害者の自立生活理念には ① 日常生活動作を行うことができ，自分の身の回りのことを自分でできる「身辺自立」や自分の生活費を自分で稼ぐことができる「経済的自立」ではなく，人生や生活を自らの責任で決定する「自己決定権の行使」を自立とする点と，② 障害者が地域の中で生活することを基本とする点の2つの要素がある[1]．自立生活理念は現在の障害福祉の基本理念の1つとなっている．この2つの要素のうち自己決定権の行使についてはさまざまな議論（立岩［1999］など）が蓄積されている．4章では自己決定権の行使と介助の関係を検討した．しかし，地域については施設や親元以外という「残余カテゴリー」［平川2004：49］とされることが多く，その意味が十分に明らかにされているとは言えない．

日本では1970年代以降に脳性マヒ者の団体である「青い芝の会（日本脳性マヒ者協会青い芝の会）[2)]」の活動などを起点として，重度の障害者が施設や親元ではなく地域で他人による介助を受けながら生活することを選択し，その生活を本人の決定により作り上げていく，自立生活運動と呼ばれる運動が展開された［立岩 1995］．現在は自立生活センターがその中心となっている．障害者の自立生活理念はこの運動の中で具現化されてきたが，この運動においても自己決定権の行使と施設や親元を出て地域で生活することが自立生活の要素とされてきた．

　他方で茨木［1997］は各地の自立生活センターは地域を活動の拠点とし，個々の障害者の生活を重視する点で，「青い芝」等の障害者運動の影響だけでなく福祉のまちづくり運動にもルーツがあるとする．福祉のまちづくり運動は1969年に仙台市で車いす利用者と学生ボランティアが外出した際に公共空間の物理的障壁に直面したため，ボランティアグループを結成し，車いすで利用しやすい環境を求めて行った「生活圏拡張運動」にその源流があるとされている．同時期，同様の運動が全国で展開された．福祉のまちづくり運動は，その後の公共施設のバリアフリー化の促進や行政による福祉のまちづくりの制度化に一定の役割を果たしたとされいる．その一方で，手塚［1975］は福祉のまちづくりの運動のその後の展開について，次第に行政が「市民参加」の重要性を理解しないまま，単に専門家主導による物理的環境の改善を推し進める傾向が強まってきていると問題提起している．

　これまで自立生活運動の研究は介助問題を中心とした障害者の自立生活，福祉のまちづくり運動の研究は地域の環境改善，と異なる面に焦点を当てることが多く，両運動の関係については十分に議論されてこなかった．以下では東京都の世田谷の事例を取り上げ，自立生活運動とまちづくり運動の概略ならびに，さらにその両者の接近を取り上げ，「地

域像」という両運動に関係する概念を分析することで，障害者の自立生活理念と地域における障害者と住民の人間関係の相互作用を考える．

2 世田谷の特性

事例とする世田谷は行政的には梅丘地区を中心とした東京都世田谷区に該当する．梅丘周辺の概要は図6-1に示すとおりである．ただし，ここでは行政区域としての地域ではなく住民同士の相互作用や相互作用を通じて生成する意味を含む地域を議論するため，世田谷と表記する．梅丘地区には古くから養護学校（現特別支援学校）が存在し，養護学校入学のために全国から脳性マヒを中心とする障害児とその家族が移住し，卒業後も学校周辺に定住した．そのため，学校周辺を中心に多数の脳性マヒ者が居住し，早くからそのネットワークが形成されていた．また，全国的に早い1970年代以降，同地区の駅改善運動を契機とした障害者運動やまちづくり運動などが展開され，その過程で，障害者と地域住民との相互作用が生み出された．さらにそれらの運動が1990年に日本で3番目の自立生活センターの設立につながっている．したがって日本の自立

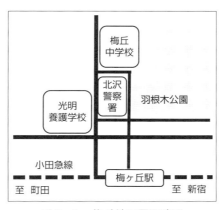

図6-1　梅丘地区周辺略図

生活運動の源流の１つといえるが，従来の研究ではあまり触れられてこ
なかった．

　以下では1974年から1990年にかけて世田谷で生成し，重度肢体不自由
者がその中核を担った運動を，障害当事者を中心に自立生活と介助に関
連して展開された運動と他の市民運動と連携しながらボランティアとま
ちづくりに関連して展開された運動の２つに分けて分析する．分析では
これら運動に関与した団体,個人により書かれた文献を主な資料とした．

第２節　自立生活運動の展開

1　梅ヶ丘駅改善運動

　世田谷の在宅障害者のネットワークはその親たちの会を中心になされ
てきた．こうした障害者が中心となり行動を起こし，彼ら／彼女らの具
体的なニーズが表明された契機は1974年から1977年にかけて養護学校卒
業生を中心に展開された梅ヶ丘駅改善運動にある．運動は，養護学校卒
業生の１人が鉄道を利用して外出する上で駅の階段が障壁となっている
ことを指摘したことから始まった．この問題提起を契機として，「小田
急線梅ヶ丘駅を誰もが利用できるようにする実行委員会」が発足した．
実行委員会は，車いす利用者の単独乗車の承認と駅の階段のスロープ化
などを要求し，鉄道会社と交渉した［碓井 1979］．交渉の停滞期を経て，
最終的に，肢体不自由児父母の会が仲介する形で1977年にスロープが設
置されたことにより運動は収束するが，この過程で２つの課題が認識さ
れることとなった．

　１点目は，自らの行動や生活を家族による介助に依存している現状で
ある．運動の過程で中心人物の１人が家族の事情で施設へ入所する事態
が生じたことを契機に，運動の中心を担った在宅障害者たちは駅の改善

以前の問題として，外出をするための介助を家族に依存しているため自由な外出に制約があることや普段の生活の介助を家族が担っているため家族による介助が困難な場合は施設生活へ移行せざるをえないことを認識する[3]．この課題は，障害者個々の自立生活と介助をめぐる問題へと発展し，自立生活運動の課題となる．2点目は運動の過程で，最終的な運動の担い手が障害者のみとなり［遠藤・芝本 1982：251］，鉄道会社との交渉に終始したため要求内容が地域住民に十分に伝わらず，スロープの利用者も事実上車いす障害者に限られた点である［碓井 1979］．そこで一部の障害者たちは，障害者だけの特殊な運動ではなく，より広い人たちの理解と協力に基づく市民運動を形成すべきであると認識するようになった．この課題は，障害者のまちづくり運動へと引き継がれることとなる[4]．

2　自立生活と介助保障の運動

　駅改善運動を担った障害者たちは1977年1月に「ぐるーぷ・たびだち」（以下，「たびだち」）を結成する．「たびだち」は自らの介助を家族に依存する現状から脱却を図るために，在宅障害者の自宅への訪問，「在宅障害者のつどい」や「サマーキャンプ」の開催などに取り組みつつ，介助を要する幾人かの障害者のアパートでの一人暮らしを支援する活動を行った．1977年4月には日常生活に介助を必要とする1人の重度障害者がアパート暮らしを開始した[5]．その後，1970年代後半に同様に介助を必要とする障害者が，共同であるいは単独でアパート暮らしを開始している．

　駅改善運動を担った障害者たちの多くは，日常生活に介助を必要とする重度障害者であり，養護学校卒業後にその学校周辺で親きょうだいと同居して生活しており，介助の主な担い手は親を中心とした家族であっ

た.「たびだち」は障害者の介助を家族が担い，またそれが当然とされることで介助が家族内部の問題となっていることを批判した．それは，家族による介助が困難な場合は施設への入所が必然的な選択肢となること，また家族の都合により障害者の生活が制限されることにつながるからである．そして，重度障害者のアパートでの一人暮らしの実現，イベント等への障害者の外出などにより，家族以外の他人から介助を得ることにより，介助問題を障害者自身や地域社会全体の問題として顕在化させることを目指した［遠藤・芝本 1982］.

> そのためにはまず「介助」という行為を他人の手に求めることから始まった．それは自分の命を肯定することから始まる．生きることに他人の力が必要な自分の命そのものを自分が引き受けるところから……［安倍 1985：32-33］.

また，上記の文章にみられるように，アパート暮らしを開始した／目指した障害者はアパート暮らしを，自らが生きることに他人による介助という行為を必要とする存在であると認識することとつなげてとらえている[6]．したがってアパート暮らしをすることは，介助という行為を，するのが当然とされてきた家族ではなく，あえて他人に求めることでもあった．

1979年に「たびだち」の障害者たちは，介助を必要とする障害者の増加にともなう介助者不足を解消することを目的として，「自立の家をつくる会（以下，自立の家）」と「身体障害者介護人派遣制度の改善を求める会（以下，求める会）」の2つの団体を結成した．

「自立の家」は，① 常時世話をしている家族から離れ，自立に向けて生活を立て直す場づくり，② バザーや廃品回収を通した自己資金づくり，の2つを目的とするものであった．前者については，介助を必要と

する重度障害者が親元を離れ，独力で生活する上では，介助問題のみならず，住宅，生活管理など多くの課題があり，その準備を共同で行い，地域における障害者の自立生活の拠点づくりを目指すものであった．会の中では，障害者同士のネットワークづくりを行い，すでに自立生活をしている障害者がこれから始めようとする障害者に，金銭管理や調理などの生活技術を伝達することがなされた．後者については，自己資金づくりだけでなく，障害者が仕事をすることや家族以外の人による介助を得ながら生活をする障害者が同じ地域にいることの理解が広がることも意図されていた．また，後述する雑居まつりへの参加など，まちづくり運動との結びつきも存在した．実際に，1980年代以降，この会の周辺を含めて，長時間の介助を要する数名の障害者が家族以外の介助を受けながら，地域で生活を始めている．

　行政による介助の保障を目指して結成された「求める会」は，障害者の介助が善意のボランティアによる奉仕的なものとなっているため十分な数の介助者を確保できず，また障害者が介助者に対して自己主張を十分に行えないことを問題とした．そして行政による公的な介助保障を通じて介助の社会的労働化（介助を社会的な労働として認めさせていくこと[7]）を目指した．そのために，世田谷区に対して ① 介護人派遣制度の強化拡充（対象者と派遣回数の拡大），② 家庭奉仕員（ホームヘルパー）の人員確保，などを要求した［須田 1980］．1981年に区役所でハンガーストライキなどを行うなどの活動が行われ，介護人派遣制度は部分的には拡充された．しかし，その後「求める会」は障害者の介助保障のあるべき姿として，家庭奉仕員等の人的派遣制度とヘルパー等を確保するための金銭給付制度（介護人派遣制度）のどちらを中心的課題とすべきかで一致した見解をだすことができなかったとされる[8]．それは，人的派遣制度の拡充を通して，行政から介助者が安定的に派遣される体制の整備だけでなく，介護

人派遣制度を利用して金銭給付としての介助料を受領しつつ，実際の介助の担い手については，障害者自身が幅広く地域中から募集し，障害者と介助者の人間関係を作っていく志向が存在したことと関連すると推察される[9]．結果的に1983年に「求める会」は解散した．

3 介助体制と介助関係

人的派遣制度と金銭給付制度のどちらを優先課題とするかの議論の背景には，自立生活を始めた障害者による独自の介助者確保の試みが存在する．当時のアパート暮らしの障害者の介助の状況は下記に書かれている．

> 「求める会」の中心となっているのは，男女七人の重度障害者です．この七人の介助は今のところ，各人が都内の大学で呼びかけたり地域でビラをまいたりして，やっと集めた少数の健常者で組まれたローテーションによって，かろうじてまかなわれています［須田 1980：75］．

従来その担い手と想定されてきた家族や施設職員による介助ではない場所として，アパートでの一人暮らしを選択した障害者は，自ら地域の中にその介助の担い手を求めることとなった．介助者の募集は障害者個々人のビラ配りなどによって行われた．また，介助者の研修も障害者個人により行われ，多くの場合週単位で基本的なローテーションをつくり，1カ月単位で予定を立てることで介助体制がつくられていた．行政から障害者本人および介助者に支給された介助料は障害者本人が管理した．介助料は介助者個々人の介助時間に応じて均等に分配されることが多かった．このような介助体制は，後述する組織のよる介助派遣との対比で，「個人介助」[10]と呼ばれた．

1980年代以降，「求める会」の活動により行政による介助料は増加し

たが，24時間の介助を要する障害者に支給される介助料は1時間当たり200円に満たない金額であり，介助は個々の健常者の善意と熱意に頼る状況に変化はなかった．また地域の中で他人介助を利用しながら生活する障害者の増加は，少ない介助者を障害者同士で奪い合うという事態を引き起こす事につながった［横山 1998］．この事態を解消するため，共同で介助者を集めることが模索され，1985年に24時間の介助を必要とする障害者が介助者集めを共同で行うことを目的とした「合同介助者集めの会」が結成された．障害者メンバーには，後に述べる「福祉マップをつくる会」に参加した障害者も含まれていた．この団体ではこれまで個々でなされていた介助者集めを共同で行うことを目的とし，近隣の大学を対象として介助サークル作りを目指す活動が行われた．その結果，東京大学を中心とした「ぼらんたす」をはじめとして，複数の介助サークルが実際に誕生した．

　世田谷の自立生活運動の特徴の1つに，障害者と介助者の人間関係への障害者のこだわりがあげられる．身辺介助を含む長時間の介助を必要としたという事情もあり，障害者の幾人かは，介助をアパート暮らしを実現するための物理的手段としてのみとらえず，その担い手である介助者との関係と結びついたものとしてとらえ，介助関係にも意味を付与した．

　　しかし介助の人たちに，家族に代わりとなってまもってもらうということではなく，自分の生活を自分の手で作っていきたかったのです．そして介助の人たちにただ私たちの手足となることを求めたのではなく，「やってもらう」「やってあげる」関係を越えて，共に生きるということを一緒に模索してけるような……そんな関係を作っていきたいと願ったのです［安倍 1981：42］．

独力での生命維持あるいは生活・行動等がむずかしいのが障害者です．その障害者と健全者との肉体上の差異，並びにそれぞれが生きてきた歴史の違いもつきつけあって，その根本的原因を模索していきながら，障害者と健全者の本質的共同性を獲得していくためのものとしてあるのが，介助なのです［須田 1980：79］．

　障害者たちは介助者を，手足の動かない自分に代わり自分の指示通り動く「手足」ととらえていない．介助者との人間関係を重視する障害者にとって介助者は，自らの自立生活を維持するうえで必要不可欠な存在であり，同時に，障害者を取り巻く諸問題に気づき，健常者としての価値観を変容する存在であった．こうした，人間関係重視の視点は，単純な人的給付（公務員ヘルパーの派遣）に限定されない要求を産み出し，また個々の障害者の生活様式や価値観によって異なることもあり，集団的な介助保障体制ではなく個人介助システムの体制が継続される要因ともなった．

4　自立生活を可能とする地域像の構想

　世田谷の障害者の自立生活運動は，親きょうだいを中心とした家族との同居生活から，アパート暮らしへの移行を通じて，障害者の自立生活の実現を図った．その担い手は，日常生活に介助を必要とする重度障害者であり，アパート暮らしを通して家族による介助ではなく自ら探し出した他人による介助を受けること，すなわち家族がすることが当然とされてきた介助を障害者自身や地域全体の問題として顕在化させることが意図された．ここで，地域全体の課題とされたのは「介助行為」だけでなく，「介助関係」でもあったことが重要である．岡原は，「親は障害者の生活に関わって生じることのほとんどについて，その責任を社会から

第6章　世田谷における障害者運動の生成と展開　*135*

問われる」［岡原 1995a：84］としたうえで，その背後には「愛情を母親
に強制する構造があり，その愛情が存在することをはっきりと自分や社
会に対して表すために，しなくてはいけない行為，それを規定していく
構造がある」［岡原 1995a：87］と述べる．障害のある子への介助はその
典型と言えるであろう．「介助行為」は愛情が規範化され，母親に愛情
が強制される「制度としての愛情」と結びつく形で行われるため，社会
的には不可視化される．他人があえて「介助行為」をするためには，そ
れに代わる関係が必要となる．

　「共に生きる」，「障害者と健全者の本質的共同性」と呼ばれる関係を
障害者と介助者が形成する上では，介助者は障害者の意思を実現するた
めの単なる「手足」ではなく，介助を必要とする障害者が地域で生活す
ることを理解し，支える存在へと変化することを求められた．したがっ
て，自立生活運動における自立生活は，居住場所を施設や家族同居以外
の，他の健常者と同じ地域へ移行することに留まらない．障害者と健常
者が出会い，従来と異なる介助関係の形成を通して，介助を必要とする
障害者が生活することについての理解者が存在する，従来とは異なる地
域空間を作り出すことを含むものであったといえる．

第 3 節　まちづくり運動の展開

1　世田谷ボランティア連絡協議会と雑居まつり

　1970年代後半に世田谷では，1975年に発足した世田谷ボランティア連
絡協議会（以下，世ボ連）を中心として障害者個人の自立ではなく，地域
のまちづくりを対象とした別の動きが生じている．世ボ連は，1975年2
月に地域でボランティア活動や福祉活動を行っている団体を集め，「世
田谷のボランティアと福祉を発展させる」ことを主眼として設立された

団体である．

　地域の福祉活動に関心のある若い健常者の公務員の１人が，世田谷区内の福祉団体に声をかけ，その過程で在宅障害者の運動をしていた一部の障害者が応じることで会がつくられた．会長や会則のない緩やかな組織であったが，中心となったのは声をかけた公務員と梅ヶ丘駅改善運動に関わりがある在宅障害者１名，大学を卒業したての在宅障害者１名である［東京大学大学院総合文化研究科・教養学部相関社会科学研究室 2004：299-300］．

　設立には，梅ヶ丘駅改善運動の反省から，活動の担い手が障害者に限定された特殊な運動ではなく地域のより広い人たち巻き込み，障害について理解を得て，協力関係を作ることで，障害者に対する社会や地域の見方を変える目的があった．

　　その反面で，其の運動を進めることによって起こってくるマイナス面も考えてみなければならないと思います．それは，かなり多数の人達の間に，かえって障害者とか，障害者運動と言う事に対して壁を作って来てしまっている点や，国や行政に対しても，一障害者団体の運動としか捉えられず，国や行政の施策に，なかなか反映されてこない（中略）とかく社会の状勢や街を変えて行く為には，その特殊な運動の域から脱し，より広い人達の理解と協力の輪を基として行なわれる市民運動へ，進めていく事が必要になっていくと思うのです［宮前 1980：36］．

　世ボ連の活動には，① 障害者と健常者が同じ地域の市民として参加する，② 地域に住むニーズを抱えた人々の課題を自分たちの問題として学び合う，③ 地域の問題を解決するために自発的（ボランティアとして）に取り組む，といった特色が存在した．

今，私が参加している世Ｖ連（筆者注：世ボ連を指す）は，従来のボランティア活動がとかく善意奉仕的な活動と考えられ，障害を持った人達やお年寄，或いは子供といった対象者に「してあげる」的な，一時の活動に終ってしまっていた事の反省から，障害を持った人も，持たない人も同じ地域の一市民として，お互いに自分達の問題や街について考え，学び合い，それぞれが自分の生き方を問いながら，地域に根をおろした行動を共に起し，自分達の住む地域社会を自分達の手で創りあげていく，そんな運動をより多くの地域の人達の輪の中で進めている会です［宮前 1980：36］．

世ボ連が特に力を入れたのが1976年に始まり，現在まで毎年開催されている「雑居まつり」（第１回参加者600人）である．「雑居まつり」は，思想信条，宗教を超えてさまざまな団体が交流を深め，お互いの活動を理解し合う場として始まった．世田谷区ではなく実行委員会主催で開催され，世ボ連のメンバーが運営の中心を担っている．毎年，「世田谷のボランティアと福祉を発展させるために私たちは今」をテーマに掲げている．またその趣旨を「私たちが今日にいたるまで築き上げてきた文化は，一方では生活を豊かにしてきましたが，他方では環境汚染にみられるように，あらゆる生命をおびやかすものになってきています．また，それにつれて，私たちの心も物も豊かさに反比例するように，ほかの人々を排除したり，心を理解するゆとりが失われがちになってきています」と記している．取り扱われるテーマや団体も福祉に特化したもののみでなく，環境問題，消費者問題等など多様である．「雑居まつり」は，地域住民同士が，地域の問題を学習し合い，交流するという世ボ連の設立理念を具現化したイベントである．イベントの開催を通じて，イベントによりできる障害者と健常者との出会い，そして協力関係が日常的な協

力関係に発展することも期待されていた.

> 私たちが，雑居まつりをはじめ，多くの行事を企画するのは，そのひと
> つひとつの行事を準備していく段階から，さまざまな人々や問題と出会
> い，言葉をかわすことによって，今まで考えられなかった人間関係がで
> き，そして，そのひとつひとつの行事に対する協力関係から，日常的な
> 協力関係へと発展させていく導入になることを，願っているからです［碓
> 井 1980：11］.

雑居まつりには，2節で取り上げた「自立の家をつくる会」の参加も
あった.

2　福祉マップをつくる会と移送サービス

世ボ連の活動の中から 1977年には「福祉マップをつくる会」が設立
された．この会は，車いすの障害者と健常者の双方が参加する会で，当
初世田谷区内の車いすのガイドマップ作りのため，区内のアクセシビリ
ティの点検をしていた［世田谷ボランティア連絡協議会 1981］.

> そんな世の流れの中で，私達世田谷の仲間の間でも点検活動をやろう，
> 福祉マップを，ガイドを作ろうという気運が盛り上がりました．特に，
> 車いすのメンバーや，単なる介護ボランティアに限界を感じていた者に
> とって，私達をとりまく，身近な地域社会に対してなんらかの働きかけ
> をしてゆく活動に，このマップ作りを通して，自分自身が参加できるの
> ではないかという期待があった訳です［鬼塚 1979：24］.

しかし，活動の中で単なる物理的な環境の改善の問題ではなく，福祉
環境や福祉風土の重要性を意識し，1978年には車いす利用障害者16人を
含むメンバーが中学校での車いす介助指導を実施した.

しかし，これまでの活動の中でも，障害者と接する人たちが"特定の人"として見られがちなことが，この運動の最大の障害だと気づいたという．このため，「地域に住むだれもが障害者と接し，日常の生活の中からつき合いとして介護ができるようにならなければ……」と学校教育の中で，障害者の介護の仕方などを教える機会を持つことを計画（毎日新聞1978年（昭和53年）5月23日（火曜日）"放課後，中学生に車いす介助法指導「福祉マップの会」計画"）．

　世ボ連のメンバーが力点を入れたもう1つの活動はミニキャブによる要援護者の外出支援であった．障害者の社会参加の重要な要素である外出の支援のため，1981年に「ミニキャブ区民の会」が設立された．「ミニキャブ区民の会」は世田谷区が車いすのまま乗り込むことができる自動車であるミニ・ハンディキャブを購入し，その運行・運営を住民のボランティア組織にゆだねる形で発足した．運営には健常者だけでなく障害者も参加している．この活動は障害者の青年学級への参加や病院への通院の足としてのみでなく，地域住民による「街づくり運動の一手段」［碓井 1980：14］としての意味合いも持っていた．すなわち，外出支援活動はこれまで社会の表面から埋もれていた障害者の外出に対するニーズを掘り起こし，外出手段の確保をする先駆性・独創性のあるものと位置付けられた［碓井 1990］．

3　世田谷の障害者のまちづくり運動の特色と課題

　世田谷の障害者のまちづくり運動の特色は，① 建築物等のハード面の整備にとどまらず，福祉環境や風土といったソフト面を視野に入れた点，② まちづくりを福祉領域に限定せず地域の課題と結びつけた点，③ ボランティア活動を奉仕ではなく学習と地域社会の創造とした点の

３点にある．第１に，福祉環境や風土といったソフト面を視野に入れることで，行政や専門家主導のものではなく住民主導のものとなった．その中で，障害者と接する人が特定の人ではなく，地域住民と障害者の日常的な付き合いによる介護の仕方の理解の促進といった視点が作り出された．第２に，これまでの障害者独自の運動が地域住民と壁をつくったことの反省から，障害者の抱える困難は行政の福祉領域で解消されるべき障害者の特殊な問題ではなく，高齢者問題，環境問題，消費者問題といった他の課題と同様に地域に存在し，地域住民の相互の理解と学習の中で顕在化する問題であると位置づけられた．第３に，ボランティア活動を善意の奉仕活動ではなく，同じ地域住民として自分達の問題や街について考え，学び合い，地域社会を創造していく活動ととらえることで，自らの活動を福祉活動ではなく，社会教育活動とした．そして，障害者と健常者の関係も，ボランティアをされる側とする側といった非対称的な関係ではなく，共に自分たちの暮らす地域を改善する仲間と位置付けられることとなった．そのため，地域の課題解決という場面において，活動に参加する障害者を健常者と同様の地域において具体的な役割を担う一員と位置づけ，活動が障害者の社会参加につながった．活動の中で生じる介助行為は，行事における仲間同士の協力関係と位置づけられること，特定の人ではなくより幅広い人間が参加する場でなされることで，対称性が担保された．

　世田谷のまちづくり運動は行政とは一線を画した障害者と健常者が一市民として参加する市民運動の要素を継続的に残しており，また物理的環境改善のみでなく，地域における障害者と健常者の協力関係という関係性の変容をも視野に入れるものであった．すなわち世田谷のまちづくり運動においては，「まちづくり」とはまちの物理的な構造に限定されたものではなく，地域の中における健常者の障害者への理解の深まり，

関係性への変容を含むものであった.

　世田谷の運動が物理的環境改善に限定されなかった要因として，第1
に当初から福祉ではなく社会教育的側面を強調していたため，福祉専門
職の主導とならず，地域住民への働きかけがなされやすかったことが，
第2に介助を必要とする重度障害者が運動に参加していたため，介助や
移動支援など，物理的環境の改善のみでは解決されない課題が多くある
ことが意識されやすかったことが，考えられる.

第4節　1990年以降の障害者運動の展開

1　まちづくり運動と自立生活運動の課題

　障害者のまちづくり運動が掲げた「ひとつひとつの行事に対する協力
関係から，日常的な協力関係」という理念は，障害者の生活場面に適用
する上では一定の限界があった．まちづくり運動の活動場面では障害者
と健常者の間の協力関係としての介助は成立するが，それは生活の中ま
で踏み込むものではなかった．したがって長時間の介助を必要とする障
害者にとっては，世ボ連の活動のみでは自立生活を維持するための介助
者を確保できなかった.

　　世ボ連（世田谷ボランティア連絡会議（ママ）の略）にしても，まつりと
　　か催し物には人が集まるけれど，日常的には人が集まらない．それはお
　　互いに語る場がないから．……僕なんか，あけっぴろげだから，介助者
　　から見た僕の生活は見えるけれど，僕からは，介助者の生活が見えない
　　[横山 1985：78].

　他方で，まちづくり運動の中で社会参加のための外出支援として始
まった移送サービスでは，外出とは別に生活場面での介助も求められた.

そしてこうした生活課題に対して地域住民のボランティア活動のみで対応することの困難が認識され始めた．

　　そのひとつに，ニーズと介助（いわゆるボランティア）との関係がある．
　　ボランティアは仲間意識のなかで成立するもので，障碍者の生活を支え
　　る介助とは異質なものである．ボランティア＝介助という式が，社会的
　　に成立している以上，介助の問題は，公的に位置づけることはできない．
　　本会としては，運行に際して車への乗降の介助以外はしないことになっ
　　ているが，現実にはしばしばその障碍者の生活まで立ち入った介助をし
　　なければならない場面に立たされる［世田谷ミニキャブ区民の会 1986：1］．

　1987年に障害者の最も切実な生活課題である介助を共同で議論する場と
して，「在宅ケア研究会」が設立された．初代代表である山口成子は，
福祉マップをつくる会，合同介助者集めの会などに参加する障害者で
あったが，設立経緯を「ボランティアセンターの対応は，啓蒙的な役割
はするけど，ボランティアを広めていくことが第1の仕事で，介助者を
紹介するところまでは現状ではいかないので，まず必要だという当事者
の人達が動かなくては何も始まらないんだよということでした．そこで，
介助を必要な人で困っている上田さんとか私とかが集まって介助の保障
の問題などを解決することを同じテーブルについて話し合える場を設け
たい」［在宅ケア研究会 1992：90］と述べている．山口が，世ボ連も検討に
加わる形で1981年に設立された世田谷ボランティア協会に打診をし，「自
立の家」の障害者と介助者，まちづくり運動関係の障害者と健常者，高
齢者問題に関心を寄せる人など20人程度の参加により，研究会がつくら
れた．
　「老人や障害者が，地域社会の中でどう生きるのか，あるいはどう生
きたいのか，を明らかにしていくとともに，いままで同じような目的を

もちながら，考え方や立場の相違から個々ばらばらな活動をしてきた人達とも，同じテーブルにつき，情報交換や率直な意見が交わせるような，風土づくり，まちづくりをめざしたい」［在宅ケア研究会編 1991：83］という趣旨からもわかるとおり，研究会は高齢者や障害者の介助を地域の共通の課題とすることを意図した．研究会は世田谷ボランティア協会の補助を受け，障害者や高齢者など介助を必要とする人々を対象とした聞き取り調査や郵送調査を行い，その結果をもとに報告書を作成した．報告書ではまちづくりのみでは介助問題を解決できず，公的制度と組織の充実が必要であり，同時にそれらへの地域住民の参加も望まれると結論付けられた．

> これらの問題を解決していくためには，障害者や老人がいきいきと暮らせる“まちづくり”の推進は勿論のこと，基本的には公的な制度基盤の充実が必要であり，中でも，地域で生活を送る上での財政基盤の基本としての年金，諸手当等が充実され生活の質が改善されること，また介護人派遣制度や公的ヘルパー制度，移送サービス等が充実されることで時間，内容などの点においてもより柔軟性のある対応ができるようになること，さらに，公的介助に対する社会的，金銭的評価を高めることで一般住民の参加をうながし，同時に民間組織や関係機関（医療，保健，福祉，ボランティア等）と連携ができる社会的基盤を確立していくことが望まれる［在宅ケア研究会編 1991：78］．

　まちづくり運動で障害者と健常者の間で日常的な協力関係が形成されたがゆえに，両者の間で，その先にある介助を中心とした障害者の生活課題が，地域全体の解決すべき課題であり，それは日常的な協力関係のみでは解決することが困難であることが共有されたと推察される．それが具体的に表現されたのがこの報告書と言える．

他方で，自立生活運動の中で人間関係を基軸とした個人介助システム
による介助体制を構築してきた障害者自身の側からも別の形が模索され
始める．

> 今まで私たちのように，個人で介助を集めて生活していける障害者は，
> ある種，特別視されてきました．そのような形では，介助保障が障害者
> の生活保障として広がりをもつことが出来ない．一人でも多くの障害者
> が日常的に他人介助をいれて生活できるようなシステムが必要だと思い
> ます［HANDS世田谷 1990a：7］.

> 今まで私たち自身も人間関係の部分に大きく支えられてきましたが，介
> 助者がいなければトイレも食事も出来ない重い障害者にとって，介助と
> いう問題をそのような形で補うことが，これから先果たしてやっていけ
> るのか，介助者を集められる人は地域の中で生活してゆけるけど，それ
> も障害の違いや能力によって格差が出てきてしまうことに問題があると
> 感じています［HANDS世田谷 1990a：14].

人間関係だけで，24時間365日の介助者を集めるのは困難であること，
ならびに人間関係を基軸とした介助をすべての障害者に適用することが
困難である，すなわち介助者確保に困難を抱える障害者がいること，こ
れらが解決すべき課題として意識された．

2　生活保障としての介助派遣システム

上記の課題を解決する試みとして，研究会に参加した障害者の一部が
研究会とは別に，1990年，後に自立生活センターを名乗る「Hands for
handicapped in setagaya」（以下，HADNS世田谷）を設立した．

> ケア研を7年間やって来ましたが，どこの会議の場でもそうなんですけ

ど，その場の机上の議論で終わってしまって，日常生活に返って来ないという問題があって（中略）だから，調査した結果が今後どの活かされるかというところが自分の中で葛藤としてあって，「ハンズ世田谷」をつくった経緯があるんです［在宅ケア研究会 1992：90］．

　HANDS世田谷では，趣旨として「各種介護手当の受給資格を有する者に，その者が受け取ることが出来る各種介護手当を合わせた範囲内で有料の介助者を派遣する」ことで「他人介助を受けて生活する障害者を増やす」ことを掲げ，当初1時間600円で，必要とする障害者に介助者を派遣する事業を開始した［HANDS世田谷 1990b］．障害当事者による運営という要素を入れ，在宅ケア研究会の報告書の記載にもある，地域住民の参加を促しやすい障害者と介助者双方が会員となる住民参加型在宅福祉サービスの枠組みが採用された．具体的にはHANDS世田谷が介助者の募集と研修を行い，依頼に基づき利用会員の障害者のもとへ介助者を派遣し，障害者から所定の料金を徴収した．HANDS世田谷は介助派遣とは別に自立生活支援部門をつくり，組織として障害者の自立生活の支援も開始した．他方，先に触れた「自立の家」も1993年に宿泊体験等の障害者の自立生活支援を事業として開始し，1996年にはHANDS世田谷と同様に介助派遣事業を開始した．

　世田谷において障害者の介助は，個別の人間関係と介助行為の結びついたもの，あるいは活動の中での助け合いの延長とされてきたが，これら組織による有償での介助派遣は，介助を重度障害者の地域での生活の保障と位置付け，サービスとして提供するものといえる．「各種介護手当を合わせた範囲内」と記載されているように一連の運動を通して介助料が上昇し，一定程度の額を介助料として支払うことが可能となりつつあったことが介助派遣事業の成立を可能とした．さらにこれら組織は介

助派遣による生活保障のみならず，個々の障害者の自立生活支援にも組織的に取り組んでいる．

　なお，HANDS世田谷設立後も一部の障害者の間では，個人介助が継続された．HANDS世田谷の独自性の１つは，障害者の個人介助システムの維持を支援し，障害者が直接介助者と関係をつくることを推奨している点にある[11]．

第 5 節　新たな地域像とその限界

1　世田谷の障害者運動が構想した地域像

　梅ヶ丘駅改善運動は，駅の階段のスロープ化という物理的障壁の除去を通して，障害者の外出，すなわち地域への参加を目指した運動であった．しかし，その過程の中で物理的障壁の除去のみでは解決できない課題が現れた．それは，障害者の介助を家族がすることを当然とする規範であり，また，地域の中で障害者運動と住民運動が別々に行われ，障害者の要求を一般地域住民と切り離された特別な要求とみなすまなざしである．

　それ以降の２つの障害者運動は，地域での生活や地域への参加を目指すものであったが，その際には，行政による介助サービスの提供や物理的環境の改善に留まらず，障害者と地域住民の関係性の変容に焦点が当てられた．したがって，目指された地域は単なる場所としての地域ではない．

　障害者運動は障害者が一般市民と同様に施設でも親元でもなく地域で生活し，また地域に参加することを求めた．しかし，その地域は障害者を排除することで成り立っている場所でもある．したがって，地域という同じ場所について別のあり様を構想することが求められた．障害者運

動／個々の障害者たちは，地域を単に親元や施設以外の物理的な場所としてとらえたのではなく，住民と障害者が交わり関係が形成される空間としてとらえた[12]．さらに障害者と住民の自発的な参加や学習により，介助を必要とする障害者が他人の介助を得て生活し，参加することが可能となる空間として，現在とは異なる新たな地域像を構想しようと試みた．

2　世田谷の障害者運動の転換の意味

　世田谷の自立生活運動とまちづくり運動の違いは生活空間としての地域と活動空間としての地域にある．重度障害者はさまざまな場面で介助を必要とするため，障害者と健常者の間に「介助をする―される」という非対称的な関係がつくられる．まちづくり運動は，障害者と健常者の双方を共通の目的に向って活動する仲間とし，活動の中で生じる介助行為を仲間同士の協力関係とする理念を通して，非対称性を対称的なものに置き換える試みといえる．しかし，自立生活運動が対象とする障害者の生活場面においては，障害者こそが中心となる存在であり，障害者と健常者の共通の目的ではなく，障害者の意思や都合が優先される必要がある．あるいは優先されるべき領域に踏み込む必要がある．そのため，仲間同士の協力関係を全面的に適用することができない．したがって，「ひとつひとつの行事に対する協力関係から，日常的な協力関係へ」という理念は，活動空間では機能しえても，そのまま障害者の生活空間に適用するには限界があった．自立生活運動は，個々の障害者と介助者の二者において，「介助をする―される」関係とは異なる「本質的共同性」を有する関係が自発的な参加や学習により形成されることを期待しつつ，その関係を有償化による社会的労働という形で保障することを目指すものといえる[13]．

　自立生活運動とまちづくり運動を併せた世田谷の障害者運動の具体的

な特色は，個人介助システムに象徴される介助体制にある．集団ではなく，個人で介助者を募ったこともあり障害者はより幅広い人々に介助を依頼した．また，まちづくり運動に関与することで，まちづくり運動を間口にしながら介助に関わる人を得ることも可能となった．そのため，介助の社会的労働化の理念は共有されつつ，少数の専門的職業人や障害者運動関係者に限定されない，より幅広い層が気軽に介助に関与することが可能な介助体制が生成した[14)]．

　さらに，両運動が構想した理念として地域は，介助を中心とした多数の障害者の自立生活の生活課題へ対応する資源としては限界があり，その解決のためには制度を媒介とした組織が必要とされることなった．障害者と地域住民の自発的な参加や学習によりつくられる空間としての地域は，1990年代に誕生したHANDS世田谷等の介助派遣組織により，生活の場所としての地域に位置付け直され，介助は地域での自立生活の保障へと変化し，並行して障害者個人への生活の支援もなされるようになった．こうした動きは1990年代以降の自立生活センターの全国的拡大と同時期に生じており，自立生活の先駆者たちが部分的に作り上げてきた生活様式を，他の障害者へと拡大／普遍化する，権利として確立する上での転換ともいえる．

　他方で，理念として地域像は障害者の自立生活の生活課題へ対応する資源となる上では限界があったが，7章で述べるとおり，住民参加型まちづくりという面では障害者の福祉のまちづくりへの参加に大きな役割を果たした．

第6節　障害者の自立生活を地域に開くこと

　世田谷の障害者運動の分析から，障害者の自立生活理念において地域

には，家族以外の介助者とともに障害者の生活を作り出す側面と，地域の一員として他の地域住民とともに活動する側面の2つの側面があることが把握された．障害者は受動的に介助を受けるだけの存在ではなく，能動的に地域に参加していく存在であるとされていた．

　制度や介助派遣組織が不十分な時代の世田谷の障害者運動は，少数の専門的職業人や障害者運動関係者に限定されない，より幅広い層を介助の担い手とした．また社会教育的側面を強調したまちづくり運動に積極的に参加し，福祉専門職に限定されない，幅広い地域住民と対称的な関係を形成した．

　地域住民の自発的な参加と学習により地域を構想するこうした実践は，障害者の自立生活を地域に開くことで障害者と地域住民の人間関係を拡大することに貢献した．したがって，世田谷での障害者の自立生活理念には自己決定権の行使だけではなく，介助が必要な身体を地域に開くことで自分自身の身体を肯定的に引き受け，さらに地域住民の意識や障害者と地域住民との関係を変えていくことも含まれていた．

　このような人間関係は福祉専門職や介助に関わる専門的職業人と障害者という関係，あるいは支援する（ボランティアする）側と支援される（ボランティアされる）という非対称的な関係とは異なるものである．そして世田谷の障害者運動は「本質的共同性」や「仲間同士の協力関係」という健常者と障害者の協働を通して障害者の生活課題への理解が深まることを期待した．

　現在では制度や組織が拡充され，障害者の地域生活が保障されつつあるが，障害者の自立生活に関与する人が専門的職業人や福祉専門職に限られることで，障害者の生活が地域から閉ざされる可能性もある．障害者が地域の一員となり，その自立生活を地域に開かれたものとする際に，制度と相対的に独立して，支援する人とされる人の関係とは異なる，共

に活動する，生活する関係を障害者と健常者の間につくることを目指した世田谷の運動の実践は1つの示唆を与えてくれる．

注
1）　4章1節参照．
2）　2章2節参照．
3）　後述する「自立の家をつくる会」は「つまり「『梅実（筆者注：小田急線梅ヶ丘駅をだれもが利用できるようにする実行委員会を指す）』の意識はどうあれ，自分たちも含む障害のある人は駅にさえたどり着いていない」という現実だったのです」［自立の家をつくる会 2003：9］と総括している．
4）　碓井は駅改善運動等を振り返り「障害者の生活を考えたとき，とかく福祉の分野で処理されがちで，すぐ生活保障制度要求へと，運動が発展しがちですが，福祉風土の根づいていない社会のなかで，運動そのものが浮きあがりつつあります．障害者の生活といっても，とりたてて特別視しなければならない，ということではなく，より多くのトータルされたもののなかで，みんなが納得できるようなニーズを，みんなで考えていかなければなりません」［碓井 1980：12］と述べている．
5）　「世田谷で，二四時間の介助が必要な「障害者」が地域で生活を始めたのは，僕が第一号だったわけで（中略）その頃は，卒業した後，軽度の「障害者」は，一般就労ということもあったが，重度の「障害者」は，一般的に在宅ということだったけど，家庭がその子を支えきれなくなったりすると，施設に行かされるというのが主要な在り方で，ほぼ選択の余地がなかった」［小佐野 1998：74］．
6）　4章4節の異文化交流関係で言及した通り，介助を必要とする他律的な身体を自己の一部として引き受け，プラスの方向に転換することと，介助を通じてできる障害者と健常者の関係に意味を見出すことは接続しやすい．そのことが以下で述べる介助関係を重視する視点と結びついていると考えられる．
7）　4章1節参照．
8）　「当時の「求める会」の中では，障害のある人の介助保障のあるべき方向性として，人的派遣制度と金銭給付制度のどちらを中心課題に据えるべきかという問題について，絶えず揺れ動いていました．障害のあるメンバーから見れば，自分たちと介助者との関係を保障するものとして金銭給付制度は重要

であり，どちらかといえばそちらに課題の中心を置きたがる傾向が強かったですが，一方で，ホームヘルプ事業も否定できない現実の中で，常に整理しきれずに活動を続けていました」［自立の家をつくる会 2003：15］．

9） 立岩は府中療育センター闘争に関わった人々の介助保障要求運動について「まず，介助料を行政に要求しつつ，介助者を自ら選んでいく」［立岩 1995：186］と整理しており，世田谷の運動にもその影響があったと考えられる．

10） 4章3節参照．

11） 代表である横山は次のように表現している．「HANDS世田谷は今も，自立したての障害者には，自分で個人介助者を集めるよう自立生活プログラムで促していくことに力を入れています．私は，個人介助者を集めることが自立生活の一歩だと思っています」［横山 2004：39］．

12） 松原［1965］は，地域開発には regional developmentとcommunity developmentの2面性があり，後者については地域（area）だけでなく，社会的相互作用や共通の紐帯が含まれていることを指摘している．

13） 深田は東京の介助保障要求運動の特色を「介護者は自分たちで探して関係をつくる．その関係構築のための費用を保障せよと行政に求めた」［深田 2013：95］と指摘する．世田谷の運動は，金銭給付による介助保障を求めつつ，特定の健常者組織をつくらず個々の人間関係を優先した点，ならびに1990年代に自立生活センター設立に至る点も含め，東京の介助保障要求運動の典型の1つと言える．

14） 世田谷で24時間の介助を必要としつつ地域で生活していた遠藤は「介助者を集めるのは大変．（中略）なるべく自分の安全が守れる程度に水準を保ちながら，なおできるだけ敷居を低くしておいて，多くの人に関わってもらうやり方をとっている」［遠藤 2001：245］と述べている．

第7章 障害者の参加による福祉のまちづくり

　この章では引き続き東京都世田谷区を対象とし，1980年代から1990年代にかけて行政により実施された福祉のまちづくりへの障害者の参加過程を紹介し，障害者の福祉のまちづくりへの主体的な参加の要件を考える．

　6章では世田谷の障害者運動は健常者である地域住民と障害者が交わり関係が形成される空間としての地域を構想していたことを述べた．この地域像の中で仲間同士の協力関係の中から日常的な助け合いがなされることが期待されたが，それは活動空間では機能しえても，そのまま障害者の生活空間に適用するには限界があったことを確認した．以下では，こうした地域像がまちづくりという公共空間の中でどのような役割を果たしたのかを検討する．

第1節　福祉のまちづくりの課題

1　福祉のまちづくりの歴史と課題

　1970年代前半に福祉のまちづくり運動と呼ばれる運動が全国各地で展開された．これらの運動は障害者がまちに出て行動するうえで制約となる障壁の除去することを目的としたものである．この運動の源流となったのが1970年に仙台市で生成した生活圏拡張運動である［菅野ほか1973］．生活圏拡張運動は車いす利用者である障害者と学生ボランティ

アがまちに出た際に，公共施設の利用を阻む物理的障壁に気づいたことにより始まった．この2人を中心にボランティアグループが，公共施設を車いすでも利用できるよう，施設の点検や改善の要望等の活動を行い，車いす用トイレや段差を解消するスロープの設置につながったとされる．6章で確認したように福祉のまちづくり運動には ① ボランティアと市民の関わりから生まれ，② 障害者が一市民として主体的に関わり，③ 障害者だけでなく一般市民の利益に結び付いた市民運動として始まった，という特徴がある［手塚 1975］.

　その後，福祉のまちづくりは行政により制度化されていく．厚生労働省は1973年に「身体障害者福祉モデル都市事業」を，1979年に「障害者福祉都市事業」を開始し，行政主体による道路や公共施設の改善・整備が図られた．また，自治体では1974年に町田市で「ハンディキャップを持つ人のための施設整備基準」が示され，行政による指導が始まり，1977年に兵庫県神戸市が「神戸市民の福祉を守る条例」を制定している．1992年には大阪府と兵庫県が「福祉のまちづくり条例」を制定した．1990年代以降に全国の自治体で同様の条例が制定されるようになった．手塚は，このような福祉のまちづくりの展開について，次第に行政が「モデル都市」の意味や「市民参加」の重要性を理解しないまま，単に物理的環境の改善を推し進める傾向になってきていること，内容がスロープの角度やトイレの高さなど技術的なことに片より始め，専門家の発言が多くなり，障害者や市民との間に遊離が生じ始めていること，を批判している．また，平川も「身体障害者福祉モデル都市事業」を検証し，「物的環境整備が中心という点に着目すると，それは道路や橋を建設する「公共事業」と何ら変わることなく，経済・都市成長を促進するものとなっている」［平川 2004：161］と指摘している．

　手塚が警鐘を鳴らした通り，1980年代以降福祉のまちづくりは，整備

基準・要綱を中心に進められ，1990年代以降は福祉のまちづくり条例の制定がその中心となる．福祉のまちづくりについての研究も，建築・住宅・交通・福祉分野の連携状況や整備基準の対象と強制力，達成状況など物理的環境面に焦点を当てたものが中心となり，市民や障害者の参加という視点は薄れていく．まちづくり全般において住民参加の実践や研究（卯月［2019］など）が蓄積されているのとは対照的に，福祉まちづくり分野では地域住民や障害者の参加の実践や研究は多くない．たとえば，野村は「まちづくりに関する何らかの意志決定機関に障害者が積極的に参加できる仕組みづくりを働きかけるべきであろう」［野村 1997b：43］と福祉のまちづくりへの障害者参加の重要性を指摘している．

2　まちづくりへの住民参加

　まちづくりへの住民参加を検討する上で参考となるのが，奥田により提出された「コミュニティ」の概念である．奥田によると「コミュニティ」は行政により望ましいとされる期待概念ではなく，住民の意識や行動の準拠点になる価値次元のものである．さらにその価値が住民自身によって主体的に作り出され，「個人や地域の利害」ではなく「同じ市民の権利」として普遍性を有するという，住民の主体化と普遍化にその特徴がある［奥田 1983］．奥田がその実践過程として着目したのが住民運動である．生活環境条件の充実・公共施設の増設を求める作為要求型，生活環境の悪化のおそれがある開発行為に抵抗する作為阻止型として始まった住民運動は1970年代に転換期を迎えたとする．その一部は地域づくり・まちづくり運動の側面を有するようになり，コミュニティ形成につながり，あわせて公共施設などの管理への住民の参加へと発展したと指摘する［奥田 1993］．これらの運動を支えたのが「さまざまな意味での異質性・多様性を認め合って，相互に折り合いながら共にきづいていく洗練され

た新しい共同生活の規範・スタイル」［奥田 1993：150］である．

1980年代にはいると，都市計画分野で「市民参加」や「住民参加」への注目が集まり，住民参加の制度化を通した行政側からのまちづくり運動への接近がなされた．1980年に始まった地区計画制度では，地区計画案の策定段階からの「住民参加」が盛り込まれた．これを受けて，1981年に「神戸市地区計画およびまちづくり協定等に関する条例」，1982年に「世田谷区街づくり条例」が制定された．これらの条例では，住民によりつくられた「まちづくり協議会」に，まちづくり提案などの権限が付与された．この協議会方式は，「従来の住民参加が単なる説明会方式であったのに比べれば，住民の主体性，活動の自由度は大幅に広がり」［卯月 1995：162］のあるものであり，行政主導であるものの自治体の都市計画などへの「住民参加」が制度化され，まちづくりへの住民の主体的な関与の可能性が開かれた．

しかし，奥田はまちづくり運動と行政との関係は，作為阻止型や要求型のように一方的に「対抗的」なものでもなければ，また伝統的町内会組織のように一方的に「相補的」なものでもなく，そこに「対抗的相補性」［奥田 1993：155］を見出すことができるとする．

本章では6章でも取り上げた世田谷を対象として，1970年代後半から1990年代前半にかけての行政による福祉のまちづくりへの障害者の参加過程を紹介する．世田谷区には古くから養護学校（現特別支援学校）が存在したため，全国から障害児とその家族が集まり，学校卒業後にそうした人々が多く居住した地域である．また，1975年の区長公選制度復活以降1990年代前半まで大場区長のもとで「住民参加のまちづくり」が掲げられていた地域であるという特徴がある[1]．

以下では，世田谷区（行政）による福祉のまちづくりの事例として，1980年代後半の「ふれあいのあるまちづくり」事業と，1990年代中頃の

「世田谷区福祉のいえ・まち推進条例」の制定をめぐる取り組みを取り上げる．前者については『ふれあいのあるまちづくり定例会記録』［世田谷区企画部企画課・計画技術研究所 1987］を，後者については『世田谷福祉のまちづくりネットワーク〈活動記録集〉』［HANDS世田谷・世田谷福祉のまちづくりネットワーク 1995］を主な資料とした．

第2節　「ふれあいのあるまちづくり」事業での取り組み

1　世田谷における福祉のまちづくりの始まり

　世田谷の福祉のまちづくり運動の始まりは1970年代の小田急線の千歳船橋駅を舞台とした車いす利用者の単独乗車を認めることを求める運動と6章で触れた梅ヶ丘駅にスロープの設置を要求する梅ヶ丘駅改善運動の2つの公共交通機関をめぐる取り組みにある．

　6章で記載したとおり，梅ヶ丘駅改善運動は関わった障害者たちに障害者や障害者運動と一般市民の間の距離や壁を意識させることとなった．そして，一般市民を含むより広い人々の理解と協力に基づく住民運動の必要性が認識された．その役割を果たしたのが，1975年に発足した世田谷ボランティア連絡協議会である．6章で詳しく紹介した同会は，① 障害者と非障害者も同じ地域住民として参加する，② 障害者だけでなく，児童や高齢者など地域に住むニーズを抱えた人々の課題や環境保護などを自分たちの問題として学び合う，③ ボランティア活動を慈善活動ではなく，地域の問題を解決するために自発的に取り組むこととして行う，これらのことを理念として掲げていた．

　この世田谷ボランティア連絡協議会を母体として1977年に「福祉マップをつくる会」が誕生した．「福祉マップをつくる会」は障害者メンバーと健常者メンバーにより構成され，当初はガイドマップ作りを目指して

繁華街，公園，高校などで車いす利用者などの障害者に危険な場所はないか，点検活動を行っていた．しかし，点検活動のなかで，まちの構造だけでなく，障害者と接する人が特別な人とみられ，一般市民と障害者との間に距離があることが障壁であると認識されるようになった．その原因を多くの人が障害者と接し，交流する機会を持たないまま大人になることにあると考え，義務教育段階から障害者と接し，理解を深める機会として中学校における「車いす介助指導」が企画された．第1回「車いす介助指導」は1978年5月に梅丘中学校で実施された．その趣旨は以下のように記載されている．

　　私たちの街づくり運動は，言うまでもなく単なる街の構造の改善運動ではありません．誰もが住み易い街をつくるために，地域の人々とのふれあいの場をつくり，いろいろな意味でのハンディキャップを持つ人達の問題も，共に考えていかれるようにと，期待しています．そこで，ハンディキャップを持つ人達に対する理解を深める場として……生まれてきたのが「義務教育における車いす介助指導」の企画なのです[「こころの友」編集実行委員会編 1979：99]．

　このような，障害者と地域住民との連携による福祉のまちづくりの実績が，次に述べるような世田谷区による福祉のまちづくりへの参加につながったと考えられる．

2　世田谷区における住民参加のまちづくり

　1970年代後半より世田谷区は住民参加によるまちづくりを推進していた．1979年に「世田谷区基本計画」が策定され，住民参加によるまちづくりの視点が導入された．1980年に世田谷区の都市の計画と公共施設のデザインの向上を目的として「都市美委員会」が発足し，1981年に同委

員会より「公共施設の改善に関する提言」が提出された．この提言にもとづき，1982年に区企画部内に「都市デザイン室」が設置され，公共空間や公共施設の構想やデザインに住民の意見を取り入れる体制がつくられた．また同年にまちづくり条例が制定され，推進地区の指定を受けた地区では住民が専門家の協力を受け，まちづくり協議会をつくり，まちづくり計画を区に提案できることとなった［卯月 1999：小山 2018］．

3　「ふれあいあのあるまちづくり」事業

（1）概要

「ふれあいのあるまちづくり」は，1983年から1986年にかけて梅丘中学校正門前歩道の改修工事を対象としてなされた，世田谷区によるまちづくり事業である．この事業のもととなった「ふれあいのあるまちづくり」計画は，「世田谷区基本計画の調整計画」の重点事業であり，①住民自らの手によるまちづくり，②区民交流と参加の促進，③まちに美しさを，④だれもが安心して暮らせるまち，の4つの視点が意識されていた．

> 従来は，行政側があらかじめ計画素案をつくってから，それを住民に説明するのがふつうでした．しかし，これでは協働というには不十分なので，計画素案という前提を置かず，住民と共に考えるところから出発しようというわけです［世田谷区企画部企画課・計画技術研究所 1987：2］．

と述べられているように，この計画の最大の特色は行政が計画段階から住民の参加を求め，まちづくりの推進を図ったことにある．

そのモデル地区として梅ヶ丘駅改善運動のあった梅ヶ丘駅周辺が選定され，①養護学校が存在する，②障害者が多数居住している，③さまざまな区民活動が行われている，④公共施設が集まっている，といっ

た点が理由として挙げられた．梅丘地区周辺の概要は6章図6-1に示した通りである．「ふれあいのあるまちづくり」計画では梅丘周辺の3つの整備計画（梅丘中学校正門前側フェンス改修工事，羽根木公園改修，障害者（児）センター建設）のうち，梅丘中学校正門前側フェンス改修工事が取り上げられ，「梅丘中学前歩道整備」[2]として進められた．

（2）研究会と定例会

この事業を中心的に進めたのは「ふれあいのあるまちづくり研究会」である．1983年5月に世田谷区は「ふれあいのあるまちづくり」計画を推進するために，「世田谷ボランティア連絡協議会」や「冒険遊び場」[3]といった区内の市民活動と関わりのあった専門家や区の関係課課長などから構成される「ふれあいのあるまちづくり研究委員会」を設置し，梅ヶ丘駅周辺の基礎調査を実施した．この研究委員会は行政職員と専門家による合同組織であったたため，1984年7月に委員会は世田谷区の関係部署の課長などによる組織である「ふれあいのあるまちづくり研究推進委員会」と，専門家による住民参加を進めるための組織である「ふれあいのあるまちづくり研究会（以下，研究会）」の2つに組織を分けた．

その後，「研究会」が住民の事業への参加を促進するために住民参加の場として「ふれあいのあるまちづくり定例会」を企画・運営した．定例会は1984年11月から，1986年3月まで，原則20日に計16回開催された．定例会の参加者は平均して20名前後であり，議題によって参加者の人数や居住場所に違いが生じたという［野村 1997a］．

（3）経過

「ふれあいのあるまちづくり研究委員会」では計画を推進するにあたり，委員会を中心としたメンバーで基礎調査を行った．3回にわたりその報告会を開催しているが，その中で「道路の段差など車いす使用者の

目からみた道路の現状と課題」が取り上げられた．

　その後，第1回から第5回の「ふれあいのあるまちづくり定例会」では「梅丘中学前歩道整備」の基本計画が議題の中心としてあげられた．第1回定例会では参加者から「歩道は車いすに乗っているととても危険です．段差はなくしてほしい」といった意見が出された．また第2回定例会においても，「車道と歩道の段差を少なくして，段差をスロープでうまく処理してほしい」，「車いすと歩行者がすれ違うための歩道の幅について」など課題が提起された．これらの意見は基本計画案に取り入れられた．計画では，当初車いすが通りやすくするために樹木を伐採して歩道を拡張する予定であったが，樹木を残したいという住民の要望に配慮し，樹木を残したまま歩道を整備することになった．

　他方で，第3回定例会，第4回定例会では，「ふれあいのまちとか格好のいいことをいっているが，そうじゃない．154号線だ」，「行政は研究会の委員を隠れみのにしているのではないか」など，都市計画道路である補助154号線の問題を中心に行政への不信感や要望が多く出されていた．また，梅丘中学校のPTAからはフェンス工事について事前説明がなかったことから撤回が求められた．PTAとの間では数度のやり取りがなされ，第5回定例会で基本計画案が策定された．定例会の議論の中で，「この地区は身障者が多いのだからそういう人たちの意見を取り入れるべき」といった意見も出されており，障害者の意見が地域住民の意見の1つとして，参加者に認識されていたことがうかがえた．

　第6回定例会以降は，これからのまちづくりについての議論がなされたが，それと並行する形で歩道の具体的なデザインへの取り組みがなされた．まず，歩道の一角のコーナー広場に公衆電話を設置することになった．この公衆電話を車いす利用者が利用しやすいデザインとするうえで，実際の利用者の意見を取り入れるために，地域の障害者の参加を得て，

原寸大の公衆電話を用いた公開実験が行われた．また，歩道面に近隣で採取された草花のデザインを埋め込んだタイルを埋め込むために，草花の採取やタイルづくりが行われた．最終的には1986年4月にこの定例会の参加者も参加する形で工事完成記念イベントが開催された．

4 「ふれあいあのあるまちづくり」事業における障害者の参加

　「ふれあいあのあるまちづくり」事業は，住民参加に重点を置く世田谷区のまちづくり事業の一環として実施されたものである．車いすで利用しやすい歩道の整備や，車いすでも利用しやすい公衆電話ボックスの設置など，その内容はいわゆる「福祉のまちづくり」と重なり合う部分が多い．ただし，「福祉のまちづくり」に特化したものでなく，「梅丘中学前歩道整備」を扱う中で車いす利用者が使用しやすい環境整備が図られている．

　この事業は「研究会」を中心に行政が定例会や公開実験といった住民参加の枠組みを用意し，枠組みを利用して住民が事業に参加した．梅丘地区を利用する障害者も住民の1人としてまちづくり事業に参加することが可能であった．実際に障害者と住民が参加することにより，地域の景観と車いすでの利用のしやすさの両立が図られた．また，原寸大の公衆電話を用いた公開実験といった方法を用いることで，専門家だけでなく実際の利用者である障害者などの意見を取り入れたデザインの公衆電話が設置されることとなった．

第3節 世田谷区福祉のいえ・まち推進条例の制定をめぐる取り組み

1 「福祉のいえ・まち推進条例」制定の経緯と概要

世田谷区では従来,「福祉の街づくりのための施設整備要綱 (1991年)」,「やさしいまちづくりのための施設整備要綱 (1993年)」といった要綱により障害者に配慮した環境整備を図っていた.1995年に東京都福祉のまちづくり条例が制定されたこともあり,区役所内で強制力のない要綱ではなく,まちづくり条例を制定する動きが生まれた.1995年8月に条例骨子案の説明が行われ,10月に条例素案が発表され,11月に「世田谷区福祉のいえ・まち推進条例 (以下,いえ・まち条例)」が公布された.

条例では,前文に「区民が,住み慣れた地域社会で豊かに生涯を過ごせるようにするためには,子ども,高齢者,障害者,外国人などすべての区民にとって,福祉的な配慮の行き届いた環境が整備されなければならない」と記載され,条例の対象は障害者,高齢者だけでなくすべての区民となった.条例では,区による福祉的環境整備の推進計画の策定と推進地区の指定,公共施設,住宅の福祉的環境整備,公共交通機関等での移動手段の確保,などが定められた.また,推進計画や推進地区の指定,整備基準策定,評価点検などを担う機関として福祉的環境整備審議委員会が設置され,その構成員として,区議会議員,区職員,学識経験者の他区民が規定され,区民の意見を反映する仕組みが導入された.

条例制定後,福祉的環境整備審議委員会委員に,障害者,高齢者,外国人などが選出され,1996年から1997年にかけて整備基準策定の議論がなされた.

2　世田谷福祉のまちづくりネットワークの活動

　条例策定期間中に，障害主体で運営される自立生活センターの１つであるHANDS世田谷を中心に「世田谷福祉のまちづくりネットワーク（以下，「福まちネット」）」が結成され，いえ・まち条例に対する要望書の提出や対案の作成などの活動が行われた．

　「福まちネット」の設立者であり代表であった山口成子［1996］によると結成の経緯は次のとおりである．HANDS世田谷は1994年に「世田谷まちづくりファンド[7]」の助成を受けて外出ガイドブックを作成した．その過程で区内の他の市民団体とも情報交換を行うようになり，外出しやすい環境づくりのためには個々の団体に留まらないネットワークの構築が必要であることを感じた．また，行政との関係をこれまでの意見をぶつける敵対的関係ではなく，共にまちづくりを考えていく関係に変えていく必要であり，そのために当事者が行政に働きかける場づくりを考えていた．1995年に「世田谷まちづくりファンド」の助成継続が決定した直後にいえ・まち条例制定についての情報が入ってきたため，先のような問題意識のもと当事者参加によるまちづくりを目指して，区内の福祉関係27団体に呼びかけ，1995年７月に「福まちネット」を結成した．

　「福まちネット」には，肢体不自由者の団体だけでなく，視覚障害者，聴覚障害者，難病者の団体，障害者の保護者の団体，移送サービス団体，などさまざまな団体が参加した．「福まちネット」では当初，条例制定に対する基本方針として，① 当事者（障害者・高齢者）を含めたところでつくる，② 建物や道路などのハード面の整備のみでなく，介護・介助といったケアの問題を含めて考える，③ 具体的かつ明瞭な内容でわかりやすいものとする，の３点を掲げていた．

　結成後,「福まちネット」は意見交換会を１回（7月),学習会を4回（8月，9月，10月）開催した．また，要望書を２度（9月，10月）提出し，最

後に条例採決時に対案を1度（11月）提出している．学習会では，世田谷区職員による条例案の説明，別地域の障害者団体役員による福祉のまちづくり条例の事例紹介，建築や交通計画専門家，福祉を専門とするジャーナリストによる講演，などが行われた．最終的に，「福まちネット」の要望が反映されることなく，条例は制定された．しかし，条例の議会成立後は，1996年に「まちづくりPZREZENTS'96」を開催するなど条例の普及のためのイベントなどに取り組んだ．また，「福まちネット」のメンバーが前記の福祉的環境整備審議委員会の委員に選出され，整備基準の策定などに意見を反映させている．

3　条例策定過程での行政と住民のパートナーシップ

「福まちネット」が活動の中で最も重視したことの1つが条例制定への障害当事者の参加である．当初の基本方針として，「当事者（障害者・高齢者）を含めたところでつくる」ことが掲げられており，条例の検討への区民や障害者・高齢者等の参加が必要であり，その意見が十分に反映されるべきであるとした．また条例制定後の審査機関にも当事者を一定人数含めるべきであるとした．前者について世田谷区は意見交換会や住民説明会を開催することで区民の意見を反映させると回答した．後者については条例制定後に設立された福祉的環境整備審議会に障害当事者などが委員として参加したことで部分的に実現した．

この当事者参加において，「福まちネット」が主張したのは，意見交換会や住民説明会といった行政の用意した場所（枠組み）への参加のみならず，行政と住民のパートナーシップという視点である．以下の記述にあるように，「福まちネット」は，条例自体に反対したのではなく，条例には賛成しつつ，それを行政と住民が協働で作成することでよりよりよいものができると主張した．

もし，この条例の制定が二十年前であれば諸手を挙げて賛成し一日でも早い成立を望んだことでしょう．……私たちは，この条例制定に反対している訳ではありません．区民とともに誰にでも開かれた形での条例づくりを実施することにより，すべての区民にとって効果がある条例になるために活動を始めました．つまり従来型の形式的行政参加ではなく，私たち区民とパートナーシップで条例づくりを行ってもらいたいのです［世田谷福祉のまちづくりネットワーク事務局 1995］．

一方で，その活動も，これまでの対行政，行政に意見をぶつけるだけの，言わば敵対関係でなく，共にまちづくりを考えていくのだ，そのためには私たち当事者の方から積極的に行政に近づき，働きかけて，共に考える場づくりをしていこうという方針が，より多くの行政関係者や障害者に理解されるようになって来ました［山口 1996：94］．

　他方，世田谷区も条例策定への住民参加に理解を示しており，たとえば1995年9月の世田谷区議会定例会ではA助役は「住民団体との話し合いでは，福祉のまちづくりを検討するために組織された障害者団体のネットワークを初め個別の団体との意見交換会も行っており，今後も続けてまいる考えでございます．これと並行して，十月には「区のおしらせ」による区民の方々への周知や説明会の開催も予定しております」と答弁している．また，1996年の3月定例会では，B建設部長が「この条例の運用に当たりましては，計画，実施，評価のそれぞれの面にわたりまして，区民の方々の参加を規定しているということはご存じだと思います．十分に意見は反映できるものと考えております．また，これから運営していきます福祉的環境整備審議会の委員の方々に，障害を持つ方はもちろんですし，また，理解のある方が入って審議することになっております」と計画から運用の段階まで区民の参加がなされていると述べ

ている．上記のように世田谷区は障害者も住民の1人と位置づけ，住民の参加の理念のもとにその参加を受け入れている．

　しかし，区の想定する住民参加は1995年10月の「世田谷福祉のいえ・まち推進条例（素案）説明会」の以下のやり取りにあるようにあくまで行政主導による参加を想定するものでもあった．

　　質問：住民参加をとなえているが，それは全然違うのでは．
　　B建設部長：推進，連絡協議会で説明会を行って，意見は求めている．
　　まちづくりネットワークの学習会にも参加している［HANDS世田谷・世田谷福祉のまちづくりネットワーク 1995：77］．

4　世田谷福祉のまちづくりネットワークによる条例案の評価

　要望書や対案などにおける条例に対する「当事者参加」以外の「福まちネット」の主張は，主に3点である．1点目は物理的環境の整備といったハード面だけでなくソフト面を含めた条例の制定である．区により示された条例案は建築物の整備などのハード面が中心であり，生活の視点が抜けていると批判した．そして，介護・介助などに関わる人材の育成といったソフト面も福祉のまちづくりの重要な点であると主張した．たとえば，1995年8月に開催された「条例制定に伴う意見交換会」では下記のような意見が出された．

　　この条例をみたとき，いかにも役所的な発想だなと感じている．「まち」や「いえ」があって初めて個人が生活できるという発想ではないか．順序が違う．本来は個人の幸せがあって初めて，「いえ」があり，また「まち」があるものだ［HANDS世田谷・世田谷福祉のまちづくりネットワーク 1995：18］．

これに対し，世田谷区側は，在宅福祉を中心とした，生活支援，保健，福祉，医療については，今後制定する地域保健福祉推進条例で規定する予定であると回答した．

　2点目は，条例の実効性確保のための仕組みづくりである．条例の制定後の運用の確認は世田谷区とは独立した監視機関・オンブズマン等によりされるべきであるとした．また，条例で定められる整備基準にあわせるための費用に関する財政措置の必要性を指摘した．

　3点目は，基本的人権の視点の導入である．条例の文言の中にある福祉的配慮や社会的連帯の用語の意味が不明瞭であり，基本的人権の尊重の観点から文章を展開するべきであると主張した．これに対して世田谷区は，基本的人権の尊重の趣旨は，憲法25条の理念を記載した前文に含まれていると回答した．

5　いえ・まち条例制定過程における障害者の参加

　世田谷区の福祉のまちづくり条例に相当するいえ・まち条例に対して障害者団体を中心とした住民団体である「福まちネット」は生活者の視点から，物理的環境の改善といったハード面のみならず，介護・介助などに関わる人材の育成といったソフト面を含む条例づくりを目指して活動した．この活動の特色は，行政主導で進められた条例制定の動きに対して，障害者団体単独で阻止要求運動をするのではなく，世田谷区内の住民団体との連携し，区内の住民を構成する団体として参加を求めたことにある．さらにその参加は，従来の住民参加にとどまらず，行政と住民の対等なパートナーシップを目指すものであった．

　その結果，条例づくりへの住民参加の視点は行政側にも共有され，「福まちネット」の要望はメンバーの審議会への参加という形で一部実現した．また，「福まちネット」も行政と共同で，条例の普及・啓発活動に

取り組んだ．しかし，行政に想定した住民参加は行政が用意した枠内での参加であり，パートナーシップ関係の実現にまでは至らなかった．

第4節　福祉のまちづくりへの障害者の参加

1　まちづくりへの障害者の参加要件

　当初の世田谷区における障害者による福祉のまちづくり運動は梅ヶ丘駅改善という物理的環境整備を要求するものであったが，その運動は障害者だけの特殊な運動としてとらえられ，地域住民の十分な理解が得られなかった．そこで「福祉のマップをつくる会」の活動に見られるように地域住民の障害理解の促進というソフト面にも焦点を当てた活動への転換がなされた．この転換は，住民運動の作為要求型から地域づくりへの転換という奥田の指摘とも重なる．世田谷の福祉のまちづくりの特色は，障害者が単独で行政に要求をするのではなく，他の地域住民団体，専門家と連携しながら住民の1人として，住民参加の観点から福祉のまちづくりへの参加を図った点，ならびに物理的環境の改善だけでなく，障害理解の促進や福祉に関わる人材育成といったソフト面を合わせて議論した点にある．

　これまでの福祉のまちづくりでは，「福祉」に焦点があてられたため，その対象がしばしば建築や土木，都市計画の専門家が解決すべき障害者に特有の物理的環境の問題と理解されてきた．その結果，行政主導により要綱や条例などが定められ，建物や道路の基準が設定されている．すなわち，障害者が建物や道路へアクセス可能となる最低基準が決められ，その基準を満たす建物や道路を障害者が利用することとなった．

　卯月は「「まちづくり」は物的な改変（建築，道路，公園他）を目的とするものだけでなく，高齢者や子どもの教育や福祉，商店街の活性化や防

災，水や緑等の自然環境，自治やコミュニティ等，ソフトとハードに分けられない総合的環境すべてを扱う」[卯月 2019：17] と述べている．「まちづくり」の一部として福祉のまちづくりが行われるとき，「ソフトとハードに分けられない総合的環境」，すなわち場所としての地域とそこで生活する住民の両方が対象となる．それゆえに，住民の参加が要請され，その一部として障害者の参加も可能となるといえる．

　世田谷区では，「まちづくり」の一部として福祉のまちづくりが理解されたため，まちづくりの一環として，障害者と地域住民が協力した福祉のまちづくりの活動が進められた．そうした意味で世田谷における福祉のまちづくりは「地域づくり・まちづくり運動」としての住民運動の側面を有していた．そのため，行政による「ふれあいのあるまちづくり」事業へも，まちづくりへの参加の一環として障害者を含む住民が参加し，結果的に障害者の福祉のまちづくりへの参加がなされることとなった．このような「地域づくり・まちづくり運動」を支えたのは，世田谷における地域住民による主体的なコミュニティの形成である．世田谷ボランティア連絡協議会が掲げた「障害者だけでなく，児童や高齢者など地域に住むニーズを抱えた人々の課題や環境保護などを自分たちの問題として学び合う」という理念は奥田が指摘する「異質性・多様性を認め合って，相互に折り合いながら共にきづいていく洗練られた新しい共同生活の規範・スタイル」に対応するものとみなすことができる．したがって，適切なコミュニティが存在する場合，地域住民の地域づくり・まちづくりへの参加の一環として，福祉のまちづくりへの参加もなされ，地域住民の一部を構成する障害者や障害者団体の参加も可能となる．

2　住民参加からパートナーシップへ

　福祉のまちづくりにおいて，「やさしいまちづくり」事業では行政と

専門家が枠組みを用意した住民参加の場に地域住民や障害者が参加することで，歩道の整備や公衆電話ボックスのデザインなどに障害者や住民の意見が反映された．

　いえ・まち条例では，「福まちネット」が他の団体や専門家と連携しつつ，行政とのパートナーシップによる条例づくりを目指した．しかし，行政側は従来の行政が用意した場への参加しか想定しておらず，「福まちネット」の提案が直接条例に反映されることとはなかった．ただし，「福まちネット」は条例自体については肯定的に評価しており，普及・啓発の場面では行政と障害者団体のパートナーシップは実現した．このことから，行政と障害者団体をはじめとした住民団体が福祉のまちづくりについての方向性を共有している場合にパートナーシップは実現しやすく，方向性が異なる場合に十分な参加は困難となると推察される．奥田がまちづくり運動と行政組織の「対抗的相補性」を指摘したように，コミュニティによる地域づくりとしての福祉のまちづくりへの住民参加は，行政の用意する枠組みに留まらずパートナーシップへと発展する可能性を有している．しかし，行政が用意する住民参加の枠組みについては，ワークショップなど多くの手法が開発されているが，障害者をはじめとした住民と行政のパートナーシップを築く段階に至るうえではその方法論の開発も含め，発展途上にある．

第 5 節　まちづくりの一部としての「福祉のまちづくり」

　世田谷における福祉のまちづくりの特色は行政や専門家主導による物理的環境の改善に終始せずソフト面を含めた議論がなされたこと，および専門家や行政のみによって進められたのではなく，障害者を含めた地域住民の参加をもとに進められたことにある．その結果，「まちづくり

PZREZENTS'96」などに象徴されるように，福祉のまちづくりが障害者や地域住民の意識や行動と結びついたものとなった．

　福祉のまちづくりへの障害者の参加過程を分析した結果，障害者が主体的に福祉のまちづくりに参加する要件として2点が示唆された．1点目は福祉のまちづくりが，「福祉」に力点を置くものでなく，「まちづくり」全体の一部となることである．福祉のまちづくりは，「福祉」に力点が置かれると，その対象が専門家の扱う障害者特有の物理的環境の問題と理解されやすい．しかし，「まちづくり」の一部であるとき，地域住民の生活に関わる問題であり，まちづくりへの住民参加の一部として，障害者や障害者団体の福祉のまちづくりへの参加も可能となる．2点目はまちづくりへの住民参加を支える地域住民と障害者のコミュニティが存在することである．駅改善運動という作為要求型の障害者運動から，世田谷ボランティア連絡協議会の設立という自発的な地域づくりを志向する住民運動の転換の過程でこのコミュニティの萌芽があり，その後のまちづくりの参加につながったと推察される．

　反対側からみると福祉のまちづくりに障害者の参加がなされるとき，福祉のまちづくりの理念や条例が一般市民に普及する可能性や福祉のまちづくりが障害者や高齢者など一部の人のためだけのものでなく，まちづくり全体として一般地域住民にもつながるものと認識される可能性が生じるといえる．

　他方で，福祉のまちづくりへの参加が行政の用意した枠組みを超え，行政と障害者を含む住民がパートナーシップを築く段階に至る上では，方法論も含め課題が残されていた．

注
1）　世田谷区では1975年に復活した区長公選制のもとで，大場啓二氏が世田谷

区長に就任し，本章の対象となる1980年代から1990年代にかけて区長を務めている．小山［2018］は大場区長のもとで住民をまちづくりの主体とし，住民参加を基調とする世田谷区のコミュニティ政策が実施されたことを指摘している．さらに小山は1990年代末以降の世田谷区では財政逼迫により区主導による「住民参加のまちづくり」は後退し，2003年の大場区長退任以降はその傾向が強まったと指摘する．本章では十分に検討することができなかったが，福祉のまちづくりへの障害者の参加は自治体のコミュニティ政策やその背後にある地域の政治的状況からも大きな影響を受ける．自治体側の政策変化が障害者の主体的な福祉のまちづくりへの参加へどのような影響を与えるかについては，1990年代後半以降の世田谷区の福祉のまちづくりの検証を含めた更なる研究が待たれる．

2） 当時学校の塀のフェンス化が進められており，梅丘中学校もその対象であったが，塀に面した補助154号線の拡幅の予定があったため，フェンスの位置を学校側に後退させる必要があった．そこで自然環境に配慮しつつ，中学校と地域の接点として学校前歩道をデザインすることが意図された［世田谷区企画部企画課・計画技術研究所 1987：44］．

3） 世田谷区羽根木公園の一角にある子どもが遊ぶうえでの制約を最小限にした公園．

4） この事業に参加した障害当事者の碓井は「たしかに，その道を通れば歩道が広く，前の人に気兼ねせず車いすを操作できるし，平坦なので車いすが車道に出てしまう心配もありません」［碓井 1997：24-25］と歩道を評価している．

5） 補助154号線の問題に関しては，研究会側から，別の分科会を設けることも提案されたが，実現には至らなかった［世田谷区企画部企画課・計画技術研究所 1987：41］．

6） 第5回定例会での意見［世田谷区企画部企画課・計画技術研究所 1987：103］．

7） 「公益信託世田谷まちづくりファンド」は1992年に設立された，世田谷区民のまちづくり活動を資金的に支援するための制度である．

8） 個人名が特定されないよう仮名とした．

9） 個人名が特定されないよう仮名とした．

おわりに

1　本書の成果の整理

障害のある身体の経験とアイデンティティ

本章前半ではアイデンティティの視点から「障害のある身体についての経験」を検討した.

スティグマとしての障害は障害者に否定的な社会的アイデンティティを付与する. スティグマとしての障害はあからさまに障害者の行動を制限しないが, 障害者が否定的な社会的アイデンティティを内面化することで, 障害者に欲求の自己規制や自己否定感を生じさせ, 障害者自身に行動を制限させる.「青い芝」神奈川県連合会は「健全者幻想」として, ピア・カウンセリングは「傷」としてそれを可視化したといえる.

また,「障害のある身体についての経験」は障害者の自我アイデンティティにも影響を与える. 街なかで鏡を見ることで, 自分の抱いていた頭の中のイメージと実際の自分の身体が異なることを知ったYさん（第3章）, 脳性マヒの障害の現れる右手を隠せば健常者のようにみえると言われて右手を隠してきたCさん（第5章）のように障害は障害者に「普通の人と同じである自己」と「普通の人と異なる自己」の2つの自己了解, すなわち自我アイデンティティの分裂を生じさせる. この自我アイデンティティの分裂も障害者に健常者と異なる自己を意識させ, 自己否定感を生じさせる.

本書で調査に協力をえられた障害者には, 構音障害のある障害者がそのコンプレックスを克服し顧客に声をかけてケーキを売ること（3章）, これまで隠してきた障害のある右手を他者に見せること（5章）, などを

している事例が存在した．こうした行為を支えているのは，「身体の他者性」としての障害ある身体も自己の一部であるとする了解である．本書ではそれを「身体的存在としてのアイデンティティ」という自我アイデンティティの獲得であるとした．このようなアイデンティティの獲得は，障害者に自分の存在に価値があるとの認識をもたらし，自己規制や自己否定を解消することにつながっていた．

　4章でpさんは「介助なしには生きられないというのはマイナスであるが，それを現実として引き受けてプラスの方向に転換しないと人間の命として生きているかいがない」と語っている．介助を必要とする他律的な身体が作り出す障害者と健常者の介助関係から障害者・健常者の相互理解が生れることへの期待と，障害のある身体にプラスの価値を見出すことはつながっている．すなわち，「身体的存在としてのアイデンティティ」の獲得と介助を健常者の意識変革と障害者・健常者の間の関係変容の契機とする視点は関係している．「身体的存在としてのアイデンティティ」の獲得は障害のある身体を積極的に他者に開示することにつながっている．したがって，このようなアイデンティティの獲得の先に障害者の新しい社会的アイデンティティが現れることが期待できる．

障害者と健常者の協働と「異化としてのノーマライゼーション」

　本書ではいくつかの障害者と健常者の協働の形を取り上げた．

　介助について，何人かの障害者は介助行為の意味を障害者の自立生活を実現するための手段に限定して理解しているわけではなかった．介助行為を障害者と健常者が出会い，関係をつくる契機としてとらえていた．したがって，障害者と介助者の関係を「介助を受ける側と介助をする側」としてのみとらえていたわけではない．そして，「異文化交流関係」や「本質的共同性」という言葉を用いながら，介助行為を通じて生まれる障害

者と健常者の相互理解に期待を寄せていた（4章・6章）.

　6章で取り上げたまちづくり運動では，ボランティアをする健常者とボランティアをされる障害者とは異なる，両者が同じ地域の市民として活動に参加する関係がつくられ，活動を通した両者の協力関係が両者の相互理解につながることが期待されていた．5章で取り上げた芝居作りでは，健常者や演劇関係者が障害者を支援する・指導するとは異なる両者の対等な関係の中で「対話」を通じて障害をめぐる経験の理解がなされていた.

　これらの取り組みでは，支援をする「主体」としての健常者と，支援を受ける「客体」としての障害者とは異なる関係をもとに活動が行われていた．そしてこの協働には，両者の相互理解の過程で「異化としてのノーマライゼーション（健常者を中心とした社会の価値観の反省）」が生じる可能性を有している．たとえば，演劇グループメンバーのAさんは芝居を作る過程で「自立していると思っている健常者の基盤のもろさを，まざまざと知ることになった」と述べている．障害者と健常者が相互に影響を与え合う関係の中で，健常者による自分の立場や価値観の振り返りが生じていた.

　また，障害者問題の解決では通常，医療や福祉の専門職が想定されやすい．しかし，先に取り上げた取り組み参加した健常者の多くは専門的職業人や福祉専門職に限定されない地域住民，演劇関係者など一般市民である．そのことは，障害者の生活課題を医療や福祉に囲い込むのではなく，障害という問題を演劇やまちづくりといった領域の一部に登場させ，問題提起することにつながるものといえる．世田谷における地域住民の主体的なコミュニティ形成の中で実現した地域住民である健常者と障害者の協働は，障害者の生活課題への対応には限界があったものの，障害者のまちづくりへの参加には大きな役割を果たした．従来の「福祉

に力点をおいたまちづくり」ではなく，「まちづくりの一部としての福祉のまちづくり」が実現した世田谷の事例（7章）はその一例と言える．こうした取り組みの先に，さまざまな領域で「異化としてのノーマライゼーション」が実現する可能性が存在する．

　障害者差別解消法では社会的障壁を「障害がある者にとって日常生活又は社会生活を営む上で障壁となるような社会における事物，制度，慣行，観念その他一切のもの」としている．今後，合理的配慮には障害者に対する「個別の配慮」のみならず，「制度，慣行，観念」の見直しが含まれることを改めて意識する必要がある．

障害と健常をつなぐもの

　高等教育の中で障害学生へ「合理的配慮」を行う際に，障害があることを示すため根拠資料（障害者手帳の種別・等級・区分認定，適切な医学的診断基準に基づいた診断書，標準化された心理検査等の結果など）の提出を求められることが多い［日本学生支援機構 2019：17-18］．障害の社会モデルにおいても，障害者と健常者の間に境界を引き，障害者を特定することでその障害者の障害理解を図る危険性がある．

　しかし，このような理解には障害者だけを客体化して，理解の対象とする問題がある．本来，障害と健常に明確な境界はなく，その間に無数のグレーゾーンが存在する．障害と健常は連続している．本書の中で見いだされた障害理解の中には，障害と健常を分けるのではなく，障害と健常をつなげて認識する2つの視点がみられた．

　第1に「身体の他者性」について．第5章で演劇グループの健常者メンバーは，障害者Cさんの体験を理解する上で，「Cさんの経験に通じるような感情を私の経験の中から探すという，結構，Mな作業で」と述べている．スティグマとして自己全体に否定的なアイデンティティを付与

されるか，されないかという無視しえない違いがあるものの，障害のある身体を自己の一部とする自我アイデンティティは健常者にも共有されうる．個人に経験される障害のある身体を，私たちの身体の意のままにならない部分，すなわち身体の他者性と置き換えることで，障害のある身体を自己の一部とする自我アイデンティティは健常者にも開かれたものとなる．障害のある身体は，社会の価値観で否定的に価値を付与され，他人により介助を必要とする経験をもたらすことでより身体の他者性として意識されやすい．それゆえ，その自我アイデンティティは健常者に身体の他者性を引き受けるあり様をより明確に示すものとなる．立岩は身体の他者性を引き受けることと，実際の他者を引き受けることを関係づけ，以下のように主張している．

> 他者にとってもまたまた私自身にとっても他者であるような私があり，私の身体がある．「生命」「生命全般」が尊いということではなく，個別の他者が，さらに私のもとにあるものが他者として私に現れることが肯定される［立岩 1997：110］．

　すなわち，「身体の他者性」を引き受けるようなアイデンティティの形成は，健常者を中心とした社会の価値観の中で排除されやすい障害者と健常者を結び付け，相互理解へと向かわせる可能性を有している．
　第2に障害者間の差異について．鄭は「「マジョリティ」はよく，「マイノリティ」どうしの間にもある差異を無視/軽視することで，“マジョリティ”とはこういうものだと一般化し，ステレオタイプ化する」［鄭1996：22］と注意を促している．スティグマとしての障害は障害と健常の間にある無数のグレーゾーンを考慮せず，障害者間の多様な差異を無視し，障害と健常という恣意的な区別を行う．そして障害カテゴリーに割り当てられた人は，その人全体を規定する「障害者」としての否定的

な社会的アイデンティティを付与される.

しかし,ピア・カウンセリングの活動や演劇グループの活動の中では,男性と女性,構音障害の有無,障害の重さによる介助の必要性などさまざまな障害者間の違いが意識されていた.障害者間のさまざまな違いに目を向けることで,「障害のある身体についての経験」をスティグマにより作り出された集合的な障害カテゴリーから離れ,一人ひとりの経験として取り上げ,向き合うことが可能となる.一人ひとりの経験と向き合うことは,健常者が障害者の固有の経験についての理解を深めること,さらに自らの健常者としての立場を振り返ることにもつながる可能性がある.障害者の経験が,障害カテゴリーを代表するものとして語られたり,聞かれたりするのではなく,一人ひとりの固有の経験として語られたり,聞かれたりすることが,障害理解を図る上で重要と言える.

2 これまでの経験と本書の内容

本書の内容は,私のこれまでのささやかな障害者との関りの経験と結びついている.

私は2000年から2016年まで,大学院生であった最初は週に1回程度,愛知県に転居してからは年に1回という頻度で細々と障害者の介助をしていた.私が介助を始めた当時,介助をするための資格は不要で,ほとんど研修もなく,誘われて介助を始めた.周りの介助者は自営業者,主婦や学生,ミュージシャンやボクサーを目指している人,さまざまであった.私を誘った障害者も,特定の専門職だけでなく,いろいろな人がふとしたきっかけで障害者の介助を始めてみること,介助を通じて障害者への理解が広がること,そうした可能性に開かれていることを大切にしていた.私は気が利かず,家事も苦手で決して良い介助者ではなかったが,そうした障害者側の想いのおかげで介助を続けることができた.

またこの介助がきっかけで，演劇グループ「水俣世田谷交流実行委員会」に参加させていただいた．5章でも書いたように，そのグループの芝居作りの方法は少し変わっていて，演劇経験者が台本をつくり演技指導するのではなく，メンバー全員で一人ひとりの経験を聞きながら，意見交換をし，台本をつくっていた．メンバーの意見を反映して，芝居の内容が変わることもしばしば生じた．演じる場所も駅前広場だったり，お祭りだったりと少し変わっていた．不思議な活動が長く続いているのは，それぞれのメンバーがその活動の意味を見出していたからである．多くのメンバーが芝居をきっかけに，これまで障害者と自分は関係ないと思って生きてきた人に障害者について関心を持ってほしいと願っていた．私自身も話し合いの中で，自分と違う見方に気づかされたり，これまで気づいていなかった新しい発見があったりした．芝居作りの過程をとおして，「正しい」知識を先生が生徒に教えるコミュニケーションではなく，お互いが相手を尊重しながら話し合い，1つの作品を作るコミュニケーションの楽しさを経験することができた．また，何かを表現したり，伝えたりする方法は「言語」以外にもたくさんあることを知ることもできた．

私はあらかじめ計画を立て研究を進めるのが苦手で，常に場当たり的に研究を進めてきた．介助と演劇グループへの参加は，もともと研究を意図して始めたものでも，フィールドワークと呼べるものではない．そこに居場所があったので，続けることができ，本書につながった．長期間にわたり介助を通して貴重な体験をさせていただき，演劇グループへも誘ってくださった上田要さん，演劇グループに居場所を作っていただいた成沢富雄をはじめとしたメンバーのみなさんには，居場所を作ってくださったことに特にお礼を申し上げたい．

本書の各章の一部は，以下の論文の内容を含んでいる．ただし，刊行にあたり内容を大幅に改めた．

2章　丸岡稔典・土肥真人［2004］「私と他者が共に生きるアイデンティティ——「障害にこだわる」運動との対話から」『解放社会学研究』18号：61-78.

3章　丸岡稔典［2021］「重度障害者の障害認識とその変容——脳性マヒ者2名のライフストーリーの分析から」『ソーシャルワーク研究』47（2）：146-153.

4章　丸岡稔典［2006］「障害者介助の社会化と介助関係」『障害学研究』2号：70-98.

5章　丸岡稔典［2019］「全身性障害に対するスティグマを共有する「対話」とその条件——重度脳性マヒ者を中心とした芝居作りを対象として」『社会福祉学』60-1号：89-101.

6章　丸岡稔典［2016］「世田谷における障害者運動の生成と展開——地域像の構想に焦点を当てて」『福祉社会学研究』13号：106-131.

7章　丸岡稔典［2022］「福祉のまちづくりへの障害者の参加過程——1970年代から1990年代の東京都世田谷区を対象として」『都市社会研究』14：123-137.

謝辞

　本書の研究をおこなうにあたり，JSPS科研費　JP19830123，JP22730468，JP25780331の助成を受けた．また，出版にあたり，「四天王寺大学・四天王寺大学大学院・四天王寺大学短期大学部出版助成」の助成を受けた．深く感謝する．

引 用 文 献

安倍美知子，1981，「美知子という名前と一緒に」『家庭科教育』55（10）：41-43.

─────，1985，「ありのままの命を」，遠藤滋・白砂巌編『だから人間なんだ』東京都障害児学校解放教育研究，32-33.

「青い芝」神奈川県連合会，1989，『あゆみ創立30周年記念号（上・中・下）』「青い芝」神奈川県連合会.

Allport, G. W., 1954, *The nature of prejudice*, Addison-Wesley Publishing Company（原谷達夫・野村昭訳，1968，『偏見の心理』，培風館）.

安積遊歩・野上温子，1999，『ピア・カウンセリングという名の戦略』青英舎.

Barnes, C., Mercer, G. and Shakespeare, T., 1999, *Exploring Disability: A Sociological Introduction*, Polity Press（杉野昭博・松波めぐみ・山下幸子訳，2004，『ディスアビリティ・スタディーズ──イギリス障害学概論』明石書店）.

Connolly, W., 1991, *Identity/Difference: Democratic Negotiations of Political Paradox*, Cornell University Press.（杉田敦・齋藤純一・権左武志訳，1998，『アイデンティティ／差異』岩波書店）.

Dejong, G., 1979, *Independent Living: From Social Movement to Analytic Paradigm*, Archives of Physical Medicine and Rehabilitation 60（10）: 435-446（障害者自立生活セミナー実行委員会訳，1983，「自立生活──社会運動にはじまり分析規範となるまで」障害者自立生活セミナー実行委員会編『障害者の自立生活』，158-189）.

Erikson, E. H, 1968, *Identity: Youth and Crisis*, W. W. Norton Company（岩瀬庸理訳，1973，『アイデンティティ──青年と危機』金沢文庫）.

遠藤滋・芝本博志，1982，『苦海をいかでわたるべき──都立光明養護学校での六年間』（下）社会評論社.

遠藤滋，2001，「愚かだったからこそ，今，自分がいとおしい」全国自立生活センター協議会編『自立生活運動と障害文化』現代書館，239-248.

French, S., 1992, "Simulation exercises in disability awareness training: A critique," *Disability, Handicap & Society*, 7（3）: 257-266.

深田耕一郎，2013，『福祉と贈与──全身性障害者・新田勲と介護者たち』生活書院.

Freire, P., 1970, *Pedagogy of the Oppressed*, Seabury Press（三砂ちづる訳，2011，『新訳被抑圧者の教育学』亜紀書房）.

Goffman, E., 1963, *Stigma: Notes on the Management of Spoiled Identity*, Prentice-

Hall（石黒毅訳，1970，『スティグマの社会学——烙印を押されたアイデンティティ』せりか書房）．

花崎皋平，1993，『アイデンティティと共生の哲学』筑摩書房．

花崎摂，2012，「ほんのすこし流れに棹さし，小さな渦としての場をつくる——みなせた（水俣世田谷交流実行委員会）の演劇づくり」『演劇と教育』647：20-25．

HANDS世田谷，1990a「『HANDS世田谷』ってどんなところ」『HANDS通信』通信創刊準備01：2．

————，1990b，「「HANDS世田谷」第1回説明会の報告」『HANDS通信』1：4-17．

HANDS世田谷・世田谷福祉のまちづくりネットワーク，1995，『世田谷福祉のまちづくりネットワーク〈活動記録集〉』．

樋口恵子，2001，「日本の自立生活運動史」，全国自立生活センター協議会編『自立生活運動と障害文化』現代書館，12-32．

平川毅彦，2004，『「福祉コミュニティ」と地域社会』世界思想社．

「こころの友」編集実行委員会編，1979，『世田谷福祉マップをつくる会活動報告集〈臨時増刊号〉』No.34．

堀正嗣，1998，『障害児教育とノーマライゼーション——「共に生きる教育」をもとめて』明石書店．

星加良司，2007，『障害とは何か——ディスアビリティの社会理論に向けて』生活書院．

————，2022，「当事者研究と「社会モデル」の近くて遠い関係」，飯野由里子・星加良司・西倉実季『「社会」を扱う新たなモード——「障害の社会モデル」の使い方』生活書院，30-70．

飯野由里子・星加良司，2022，「「心のバリアフリー」は毒か薬か」，飯野由里子・星加良司・西倉実季『「社会」を扱う新たなモード——「障害の社会モデル」の使い方』生活書院，71-100．

茨木尚子，1997，「当事者による社会福祉サービス供給組織運営の現状と展望——障害者自立生活運動の展開をもとに」『明治学院論叢』，33-65．

市野川容孝，2000，「ケアの社会化をめぐって」『現代思想』28-4：114-125．

石川准，1988，「社会運動の戦略的ディレンマ」『社会学評論』39（2）：153-167．

————，1992，『アイデンティティ・ゲーム——存在証明の社会学』新評論．

————，2000，「ディスアビリティの政治学」『社会学評論』50（4）：586-602．

自立の家をつくる会，2003，『自立の家をめざして——自立の家をつくる会10周年記念誌』．

菅野鞠子・村上信・調一興・片岡実, 1973, 「生活圏拡大運動の報告と展望」『総合リハビリテーション』1 (10): 989-995.

川島聡・飯野由里子・西倉実季・星加良司, 2016, 『合理的配慮——対話を開く, 対話が拓く』有斐閣.

桐山直人, 2007, 「障害者の表現活動」『ノーマライゼーション』27 (10): 10- 2 .

北野誠, 1993, 「障害者福祉の基本思想としての自立生活の理念」, 定藤丈弘・岡本栄一・北野誠一編『自立生活の思想と展望』ミネルヴァ書房, 42-70.

小嶋由香, 2004, 「脊髄損傷者の障害受容過程」『心理臨床学研究』22 (4): 417-428.

小山弘美, 2018, 『自治と協働からみた現代コミュニティ論』晃洋書房.

倉本智明, 1997, 「未完の〈障害者文化〉」『社会問題研究』47 (1): 67- 8 .

————, 1999, 「異形のパラドックス」石川准・長瀬修編『障害学への招待』明石書店, 219-55.

Laurie, G., 1979, "Independent Living Programs," *Rehabilitation Gazzette*, 79, 22: 9 -11 (藤井悦子訳, 1980, 「自立生活とは」『リハビリテーションギャゼット』7 : 1 - 4).

前田拓也, 2006, 「介助者のリアリティへ」『社会学評論』57 (3): 456-475.

Marcel, G., 1935, Être et Avoir, Aubier (渡辺秀・広瀬京一郎訳, 1957. 『存在と所有』理想社).

松原治郎, 1965, 「地域開発における「地域」の検討」『季刊社会保障研究』1 (2): 25-34.

宮前武夫, 1980, 「私達が目指す街づくり運動」『月刊地域闘争』117 : 36-39.

水野智美, 2005, 「障害理解教育の現状」徳田克己・水野智美編『障害理解——心のバリアフリーの理論と実践』誠信書房, 57-62.

村田観也, 2023, 「障害疑似体験を「身体」から再考する」, 佐藤貴宣・栗田季佳編『障害理解のリフレクション』ちとせプレス, 123-154.

南雲直二, 2002, 『社会受容——障害受容の本質』荘道社.

内閣府政府広報室, 2023, 『「障害者に関する世論調査」の概要』, https://survey. gov-online.go.jp/r04/r04-shougai/gairak.pdf (参照 2024.11.20).

日本学生支援機構, 2019, 『合理的配慮ハンドブック——障害のある学生を支援する教職員のために』

日本リハビリテーション医学会, 2014, 『脳性麻痺リハビリテーションガイドライン第 2 版』金原出版.

野口裕二, 2009, 「ナラティブ・アプローチの展開」野口裕二編『ナラティブ・アプローチ』勁草書房, 1 -25.

野村歓, 1997a, 「福祉のまちづくり2——福祉のまちづくりと市民の役割」『リハ
　　ビリテーション研究』26（4）：28-32.
————, 1997b, 「福祉のまちづくり3——障害者運動からみた福祉のまちづくり」
　　『リハビリテーション研究』27（1）：39-43.
岡原正幸, 1995a, 「制度としての愛情——脱家族とは」安積純子・岡原正幸・尾中
　　文哉・立岩真也『生の技法　増補改訂版』藤原書店：75-100.
————, 1995b, 「コンフリクトへの自由——介助関係の模索」安積純子・岡原
　　正幸・尾中文哉・立岩真也『生の技法　増補改訂版』藤原書店, 121-146.
奥田道大, 1983, 『都市コミュニティの理論』東京大学出版会.
————, 1993, 『都市と地域の文脈を求めて』有信堂.
鬼塚正徳, 1979, 「世田谷福祉マップをつくる会　結成過程」「こころの友」編集実
　　行委員会編『世田谷福祉マップをつくる会活動報告集〈臨時増刊号〉No.34』,
　　24-30.
小山内美智子, 1997, 『あなたは私の手になれますか——心地よいケアを受けるた
　　めに』中央法規.
小佐野彰, 1998, 「「障害者」にとって「自立」とは何か？」『現代思想』26-2：
　　74-83.
佐藤裕, 1990, 「三者関係としての差別」『解放社会学研究』4：77-87.
世田谷区企画部企画課・計画技術研究所, 1987, 『ふれあいのあるまちづくり定例
　　会記録1983-186. 3. 20』.
世田谷福祉のまちづくりネットワーク事務局, 1995, 「編集後記」, 『プレスまちネッ
　　ト』創刊号：2.
世田谷ミニキャブ区民の会, 1986, 『第4回ハンディキャブシンポジウム』.
世田谷ボランティア連絡協議会, 1981, 『ちいき活動 世田谷ボランティア連絡協議
　　会6周年記念誌』.
須田雅之, 1980, 「障害者の自立に向けて——「介助」をめぐる問題からの洞察」『福
　　祉労働』9：74-81.
Stanislavski, K., 1936, *An Actor Prepares*, Geoffrey Bles（山田肇訳, 1975, 『俳優修
　　業第1部』未来社）.
田垣正晋, 2002, 「『障害受容』における生涯発達とライフストーリー観点の意義
　　——日本の中途肢体障害研究を中心に」『京都大学大学院教育学研究科紀要』
　　48：342-352.
立岩真也, 1995, 「はやく・ゆっくり——自立生活運動の生成と展開」安積純子・
　　岡原正幸・尾中文哉・立岩真也『生の技法　増補改訂版』藤原書店, 165-226.
————, 1997, 『私的所有』勁草書房.

————, 1999,「自己決定する自立——なにより，でないが，とても，大切なもの」，石川准・長瀬修編『障害学への招待』明石書店，79-107.

————, 2000,『弱くある自由へ』青土社.

Taylor, C., 1994 "The politics of recognition," in Gutmann, A., ed., *Multiculturalism: Examining the politics of recognition*, Princeton University Press, 25-74（佐々木毅・辻康夫・向山恭一訳，1996,「承認をめぐる政治」『マルチカルチュラリズム』岩波書店，37-110）.

手塚直樹，1975,「市民参加の必要性と問題——障害者のまちづくり運動から」『月刊福祉』58（8）：23-27.

徳田克己，2005,「障害理解と心のバリアフリー」，徳田克己・水野智美編『障害理解——心のバリアフリーの理論と実践』誠信書房，2-10.

東京大学大学院総合文化研究科・教養学部相関社会科学研究室，2004,「澤畑勉さんインタビュー」『ネットワークと地域福祉』，298-303.

卯月盛夫，1995,「住民の主体的なまちづくり活動を支援する「まちづくりセンター」に関する考察——世田谷まちづくりセンターを事例として」『日本建築学会計画系論文集』60（470）：161-172.

————, 1999,「世田谷区における公共空間整備を中心とした都市デザイン施策の展開」『日本建築学会計画系論文集』64（523）：219-226.

————, 2019,「住民参加とまちづくり」『都市社会研究』11：15-37.

上田敏，1980,「障害の受容——その本質と諸段階について」『総合リハビリテーション』8（7）：515-521.

碓井英一，1979,「世田谷の地域風土と街づくり」，「こころの友」編集実行委員会世田谷福祉マップをつくる会『世田谷福祉マップをつくる会活動報告集〈臨時増刊号〉』34，11-23.

————, 1980,「よりよき明日の地域社会をめざして——世田谷ボランティア連絡協議会の活動から」『われら人間』15：11-15.

————, 1990,「地域ボランティア活動と障碍者の生活——主として障碍者移動問題に関して」『月刊自治研』32：60-68.

————, 1997,「世田谷区梅丘地区の「福祉のまちづくり」をめぐって」『はげみ』平成9年度4・5月号：21-25.

山口成子，1996,「「世田谷区福祉のいえ・まち推進条例」における市民と行政のパートナーシップとは？」，『ジョイフルビギン』6：93-96.

やまだようこ，2000,「人生を物語ることの意味——なぜライフストーリー研究か?」『教育心理学年報』39：146-161.

山下幸子，2012,「資格は何を担保するのか——障害当事者運動から介護資格を考

える」『社会問題研究』61：79-90.

山下幸子，2019，「介護サービスの制度化をめぐる障害者たちの運動」『福祉社会学研究』16：135-153.

横須賀俊司，2010，「障害者問題解決に向けた『ゆらぎの学習へ』」藤村正之編『福祉・医療における排除の多層性』明石書店，124-48.

横塚晃一，2007，『母よ！殺すな』生活書院.

横塚りゑ，1979「健全者とのかかわりに関する私見」『ふれあい』4：6-7.

横山晃久，1985，「共に・・・という時」世田谷生命の根コンサート実行委員会『感じていのち—今伝えたい—1984. 6 .12世田谷生命の根コンサート報告集』78.

————，1998，「「介助」をどう位置づけるのか？」『現代思想』26-2：84-90.

————，2004，「公的責任の追及——障害者の介助保障とは何か」『季刊福祉労働』104：34-40.

鄭暎惠，1996，「アイデンティティを超えて」井上俊・上野千鶴子・大澤真幸・見田宗介・吉見俊哉編『差別と共生の社会学』岩波書店，1-33.

在宅ケア研究会編，1991，『世田谷区における在宅重度障害者および介護を要する在宅老人の実態調査』.

————，1992，『世田谷区における在を要する在宅の障害者および老人の実態調査Ⅱ』.

全国障害者解放連絡会議，1977，「第一分科会〈生活〉基調報告」，全国障害者解放連絡会議編『全国障害者解放連絡会議結成大会報告集』全国障害者解放連絡会議，37-40.

索　　引

〈ア　行〉

「青い芝」神奈川県連合会　　21, 175

青い芝の会（日本脳性マヒ者協会青い芝の
　会）　　15, 21, 104, 126

異化としてのノーマライゼーション
　10, 177

梅ヶ丘駅改善運動　　128, 146, 157

〈カ　行〉

介助の社会的労働化　　70, 71, 80, 131,
　148

身体の他者性　　38, 64, 65, 92, 178

協働　　12, 176

健全者幻想　　24, 175

合理的配慮　　1, 12, 99, 122, 178

個人介助　　81, 91, 132, 134, 144, 146, 148

コミュニティ　　155, 170, 177

〈サ　行〉

自我アイデンティティ　　4, 9, 50, 64,
　65, 175

自己アイデンティティ　　6, 8, 50

自己決定　　73, 78, 89

　──権　　69, 125

　障害者の──　　11

〈サ　行（続き）〉

社会的アイデンティティ　　3, 7, 50, 64,
　66, 175

障害疑似体験　　10, 102

障害受容論　　6, 47, 49

障害の社会モデル　　2, 3, 19, 51, 99

自立生活運動　　11, 70, 71, 126

自立生活センター　　29, 43, 126, 144

自立生活理念　　69, 122, 125, 149

身体的存在としてのアイデンティティ
　38, 64, 176

スティグマ　　4, 7, 50, 66, 100, 101, 118,
　120

世田谷ボランティア連絡協議会　　135,
　157

〈ハ・マ行〉

HANDS世田谷（Hands for handicapped in
　setagaya）　　144, 164

ピア・カウンセリング　　7, 30, 43, 101,
　111, 116

非制度的位相　　5, 51, 100

福祉のまちづくり運動　　126, 153

文化的アイデンティティ　　18

水俣世田谷交流実行委員会　　104, 105,
　181

《著者紹介》

丸 岡 稔 典 （まるおか　としのり）

　　1976年生まれ．
　　1999年東京工業大学工学部卒業．
　　2006年同大学院社会理工学研究科博士課程修了．博士（工学）．
　　現在　四天王寺大学社会学部教員．

主要業績

　「頸髄損傷者の外出の実態と外出阻害要因の検討」（共著：『障害学研究』18：199-219，
　　2023年）
　「世田谷における障害者運動の生成と展開——地域像の構想に焦点を当てて」（『福祉社
　　会学研究』13：106-131，2016年）．
　「障害者公的介護サービスの地域差に関する研究——頸髄損傷者の公的介護サービス利
　　用状況を対象として」（共著：『厚生の指標』平成26年2月号：5-14，2014年）．

「障害理解」再考
——他者との協働に向けて——

2025年3月10日　初版第1刷発行　　＊定価はカバーに
　　　　　　　　　　　　　　　　　　表示してあります

著　者　　丸　岡　稔　典ⓒ

発行者　　萩　原　淳　平

印刷者　　河　野　俊一郎

発行所　株式会社　晃　洋　書　房

〒615-0026　京都市右京区西院北矢掛町7番地
電話　075(312)0788番(代)
振替口座　01040-6-32280

装丁　仲川里美（藤原印刷株式会社）　印刷・製本　西濃印刷㈱
ISBN 978-4-7710-3910-0

JCOPY　〈㈳出版者著作権管理機構　委託出版物〉
本書の無断複写は著作権法上での例外を除き禁じられています．
複写される場合は，そのつど事前に，㈳出版者著作権管理機構
（電話 03-5244-5088，FAX 03-5244-5089，e-mail:info@jcopy.or.jp）
の許諾を得てください．

林 美輝 著
ナラティヴ
語 り を 生 き る
——ある「障害」者解放運動を通じた若者たちの学び——

A5判 258頁
定価 3,080円（税込）

立山善康 編／中野啓明・伊藤博美 編著
ケ ア リ ン グ の 視 座
——関わりが奏でる育ち・学び・暮らし・生——

A5判 200頁
定価 2,970円（税込）

キャロル・ギリガン 著／小西真理子・田中壮泰・小田切建太郎 訳
抵 抗 へ の 参 加
——フェミニストのケアの倫理——

四六判 260頁
定価 2,530円（税込）

伊藤 智樹 編著
支える側・支えられる側の社会学
——難病患者,精神障害者,犯罪・非行経験者,小児科医,介助者の語りから——

A5判 144頁
定価 2,090円（税込）

宮本 恭子 著
日本社会の変容とヤングケアラーの生成
——地域の実態調査から支援の方向性を考える——

A5判 176頁
定価 5,830円（税込）

松宮 朝 著
か か わ り の 循 環
——コミュニティ実践の社会学——

A5判 200頁
定価 2,530円（税込）

高艸 賢 著
シュッツの社会科学認識論
——社会の探究が生まれるところ——

A5判 304頁
定価 7,150円（税込）

晃 洋 書 房